UNE EXCURSION
AU SAHARA
ALGÉRIEN ET TUNISIEN

ANGLE DU NORD-EST
DJEBEL-CHECHAR — KHANGA-SIDI-NADGI
NÉGRINE — LE DJERID
ET LES GRANDS CHOTTS (MER INTÉRIEURE)
LA VALLÉE DES BENI-BARBAR

PAR

Eug. RÉVEILLAUD

PARIS
LIBRAIRIE FISCHBACHER
SOCIÉTÉ ANONYME
33, RUE DE SEINE, 33
—
1888
Tous droits réservés

UNE EXCURSION

AU SAHARA

DU MÊME AUTEUR

Manuel du Citoyen. — In-16.................... *Épuisé*

La question religieuse et la solution protestante. — In-16, 9ᵉ édition.............. 1 fr. »

La bonne guerre, ou comment triompher du cléricalisme? — (Brochure in-16, extraite de la précédente). 15ᵉ mille....................... 0 fr. 20

George-Théoph. Dodds, *sa vie et son œuvre.* —
In-16. 3 fr. »

Histoire du Canada et des Canadiens français *de la découverte jusqu'à nos jours.* (Ouvrage autorisé par le Ministère de l'Instruction publique pour les bibliothèques scolaires et communales.) — In-8° avec carte. 7 fr. 50

L'Évangile et la liberté. — La vie éternelle. — Le surnaturel dans le Christianisme. — *Traités couronnés par la Société des Traités mensuels.* — In-16 .... *Épuisés*

Les lois de la nature dans le monde spirituel. — *Traduit de l'anglais, du Prof. Henry Drummond, par C.-A. Sanceau, avec introduction par Eug. Réveillaud.* — Un vol. in-8°.............. 7 fr. 50

Histoire chronologique de la Nouvelle-France ou Canada *par le P. Sixte Le Tac, Recollet, publiée pour la première fois, d'après un manuscrit de 1689, accompagnée d'une préface, d'un appendice composé de documents inédits et de notes, par Eug. Réveillaud.* — Un vol. petit in-8°, tiré à 300 exempl. numérotés sur papier de Hollande 20 fr. »

UNE EXCURSION
AU SAHARA
ALGÉRIEN ET TUNISIEN

ANGLE DU NORD-EST
DJEBEL CHECHAR — KHANGA-SIDI-NADGI
NÉGRINE — LE DJERID
ET LES GRANDS CHOTTS (MER INTÉRIEURE)
LA VALLÉE DES BENI-BARBAR

PAR

Eug. RÉVEILLAUD

PARIS

LIBRAIRIE FISCHBACHER (SOCIÉTÉ ANONYME)
33, RUE DE SEINE, 33

—

1887

PRÉFACE

Quelques amis, — de ceux dont le los indulgent nous est souvent plus redoutable que la maligne critique, en ce qu'il ne flatte que trop notre naturel et haïssable amour-propre, — m'ont exprimé le désir de voir réunir en volume les lettres que j'ai publiées dans le *Signal* sur mon excursion du printemps dernier dans la région du nord-est saharien. Ils n'allaient que trop bien au-devant du penchant secret que nourrit tout auteur à voir sa prose entre les mains du brocheur ou du relieur, comme s'il devait par là prolonger la durée de ses pensées éphémères. Voici donc leur désir... et le mien... satisfaits. Il me reste à souhaiter de trouver des lecteurs aussi bienveillants que mes amis. Les pages qui suivent n'ont certes pas la prétention de leur révéler des pays inconnus ni de les associer à des aventures extraordinaires. Je ne me pose point en voyageur, ni en découvreur d'Amériques, ni en tueur de lions, non pas même de gazelles. Le petit coin de notre planète que j'ai parcouru dans mon échappée de quatre semaines a été arpenté, cadastré, décrit maintes fois. Il figure sur les cartes de l'état-major. Le moindre « Biskri » a pu le traverser en tous sens. On m'a dit, il est vrai, que la vallée des Beni-Barbar par où s'est terminée notre excursion, n'a encore été décrite par aucun voyageur. S'il en est ainsi, je suis vraiment heureux de devancer les écrivains et les peintres de l'avenir qui ne sauraient manquer d'apprécier et de faire ressortir le caractère de beauté sauvage de cette contrée qu'habite une race de Berbères bien curieuse elle-même et bien intéressante. Il est vrai que ce qui intéresse l'un laisse souvent l'autre indifférent. Quoi qu'il en soit, le « bon à tirer » est donné et il n'est plus temps d'y revenir. Que mon petit livre ait sa destinée ! Heureux serai-je si ces quelques pages peuvent témoigner de ma reconnaissance au « *Khebir* » de notre caravane saharienne, mon ami, le commandant Henri Wolff, ainsi qu'à maints autres amis Français ou Indigènes, que nous avons trouvés en route et qui ont aussi droit à toute ma gratitude pour leur hospitalité généreuse. Puissent aussi ces pages contribuer à faire mieux connaître et partant mieux aimer cette nouvelle France africaine où doit se porter toujours plus l'effort colonial de nos concitoyens et qui, avec la « Nouvelle

France » d'Amérique dont j'ai eu le plaisir de vulgariser l'histoire, a droit à toute l'affection maternelle de cette « doulce France » d'Europe dont elles prolongent l'action et la langue au-delà des mers !

Eug. R.

UNE
EXCURSION AU SAHARA
ALGÉRIEN ET TUNISIEN

PREMIÈRE LETTRE

Khenchela. — Les confins de la colonisation. — En plein Aurès. — Sur la route du Sahara et du lac Triton (future Mer Intérieure). — Comment me trouvé-je là? — Mon étonnement de m'y voir. — Les curieux effets d'une grippe sur un conférencier en tournée à Lyon et à Saint-Etienne. — Par ordonnance du médecin. — En route. — Après quelques secousses par mer et par terre, heureuse arrivée. — Un bon gîte.

Khenchela, le 3 mars 1887.

Khenchela, d'où j'écris cette lettre, est un village d'Algérie moitié français, moitié arabe, placé à l'extrême limite de la colonisation, dans la province de Constantine. Etabli sur une verte éminence, dans une dépression de la chaîne de l'Aurès, et dominé de toutes parts par un horizon de montagnes dont quelques cimes, à une heure seulement d'ascension, sont en ce moment couvertes de neige, Khenchela est à une altitude de 1,200 ou 1,300 mètres au-dessus du niveau de la mer. C'est dire que, malgré sa situation méridionale et quoique le soleil darde ses rayons sur nos têtes beaucoup plus perpendiculairement qu'il ne fait en France, l'air y est vif et la température suffisamment froide. Le fait est que, durant la nuit du 1er au 2 mars que j'ai passée blotti dans le coin du coupé d'une sorte de diligence qui conduit les voyageurs de Constantine à Aïn-Beïda, comme dans la journée d'hier que j'ai passée perché sur la carriole qui amène ici les voyageurs venant d'Aïn-Beïda, j'ai senti le froid et le vent frais comme je ne l'avais pas fait en France depuis plusieurs jours. Si cette température devait durer, ou si je ne devais pas m'enfoncer plus au sud, le but de mon voyage qui était de chercher du soleil et de la chaleur serait manqué. Mais Khenchela, sis au faîte de la ligne de partage des eaux qui vont les unes se verser dans la Méditerranée ou dans le Chott voisin de Guerah el Tharf, les autres se perdre dans les chotts ou dans les sables du Sahara, — Khenchela ne doit être, dans mes projets, que la première étape d'un voyage dans la région saharienne, et là, je n'ai pas besoin de le dire, ni le soleil ni la chaleur ne me manqueront. J'ai plus à craindre de souffrir de leur excès que de leur disette.

Mais par quel concours de circonstances ma lettre est-elle datée de ce point inconnu de la carte d'Afrique? Et comment me trouvé-je ici, à la veille de partir pour une excursion dans le Sahara, vers la Gétulie des anciens, et sur les bords de ce lac Triton qu'on a cru reconnaître dans ces divers chotts où le commandant Roudaire voulait ramener les flots d'une Mer Intérieure?... C'est de quoi je suis moi-même, tout le premier, stupéfié. On connaît l'histoire de ces ambassadeurs de la République de Venise, transportés à la cour de Louis XIV et répondant aux courtisans qui leur demandaient ce qui les étonnait le plus dans les splendeurs de Versailles : « Ce qui nous étonne le plus, c'est de nous y voir. » C'est un étonnement pareil, et dont je ne suis pas encore revenu, qui m'a saisi quand je me suis réveillé ce matin dans le *Bordj* de Khenchela et qu'ouvrant mes fenêtres, j'ai aperçu sous ce ciel d'un azur profond, par delà les arbres encore dépouillés du jardin du Bordj, les tuiles rouges du village français, plus loin les masures du « village nègre », plus loin les tentes clairsemées des Arabes, et ces sommets neigeux du Djaafa et du Chettaïa qui correspond probablement à l'ancien mont Aurasius des Romains, et ces gorges qui s'ouvrant vers la vallée de l'Oued-el-Abiod et de l'Oued-el-Arab sont d'ici le principal chemin d'accès du Sahara. Comment me trouvais-je là? Comment y étais-je venu? Il me semblait sortir d'un rêve ou même rêver encore. Et, en effet, la décision qui m'a amené ici a été si soudaine, et sitôt suivie d'effet, les évènements qui l'ont préparée ont été eux-mêmes si soudains et si imprévus qu'à peine ai-je eu le temps de me reconnaître et que je suis obligé de me raisonner, comme certain personnage de l'*Amphitryon* de Molière, pour me convaincre que je suis bien dans la réalité :

> Rêvé-je ! Est-ce que je sommeille !
> Et suis-je bien dans mon bon sens?...

. . . .

> Pourtant quand je me tâte et je me considère
> Il me semble que je suis moi !..

Pour me le persuader, comme Sosie, j'ai besoin de reprendre un peu les choses de haut, de me refaire l'historique de ma vie ou tout au moins des derniers évènements en suite desquels je me trouve ici. A vrai dire, le lien de ces évènements est si subtil et si embrouillé que je crains parfois qu'il ne m'échappe et c'est alors que je pourrais sérieusement douter de mon identité ! Jugez plutôt, car voici l'histoire :

Il y a trois semaines environ, je recevais une lettre d'un vaillant coreligionnaire et ami, le capitaine W..., commandant du cercle supérieur de Khenchela, qui est l'un des plus anciens et fidèles abonnés du *Signal* et avec qui j'étais, depuis quelque temps, en bonnes et intimes relations de correspondance. Quand on s'apprécie et s'aime à distance, sans se connaître de visage, on éprouve naturellement le besoin de nouer une connaissance plus personnelle. Aussi les invitations avaient-elles été depuis longtemps échangées pour le cas où le commandant viendrait à Paris comme pour le cas... moins probable, semblait-il..., ou j'irais en Algérie. Ce cas échéant, le commandant, dont le cercle s'étend jusqu'au delà de la région des chotts sahariens, se proposait, si la saison le comportait et si ses devoirs militaires le lui permettaient, de me faire faire connaissance avec les tribus qu'il administre et avec les vallées, les montagnes, les oasis et les *chotts* placés sous son commandement? Quand la proposition de ce voyage me fut faite pour la première fois, elle fit battre en moi bien des fibres de curiosité et d'enthousiasme. Mais quelle apparence y avait-il que je pusse jamais exécuter un tel voyage ? Pourtant, dans sa dernière lettre, le commandant insistait pour que j'entreprisse avec lui cette tournée pendant ce présent mois de mars, et il m'en déroulait avec beaucoup d'amabilité les perspectives séduisantes. L'offre était alléchante et j'avoue que je fus tenté. Après réflexion, cependant, je renonçai à la pensée d'entreprendre ce beau voyage, et j'écrivis dans ce sens au commandant mon ami. Tant d'obstacles étaient sur la route et tant de devoirs me retenaient en France!...

Pourtant la question restait ouverte, pour une autre année peut-être, avec la proposition de mon ami le commandant logée en un bon coin de la gibecière de mon cerveau, quand... au cours d'une tournée de conférences que je fis la semaine dernière à Lyon et dans le bassin houiller de la Loire, je fus pris d'une grippe assez forte et qui menaçait d'interrompre mon activité missionnaire. M. Puyroche, l'excellent pasteur de Lyon chez qui j'étais descendu et traité comme un enfant de la maison, insista pour que je visse un médecin. Le docteur appelé était un médecin militaire, d'origine alsacienne, que j'avais rencontré il y a cinq ans, à Alger, chez son père, qui est directeur de l'administration des tabacs de l'Algérie. Nous évoquâmes, avec le souvenir de notre rencontre dans la maison hospitalière de ses excellents parents, les vues et les sites de l'Algérie et la personne des amis communs que nous y avions... Il venait de m'ausculter avec soin quand tout à coup : — « Vous avez besoin de repos, me dit-il, et de chaleur. Pourquoi n'iriez-vous pas en Algérie ? Le changement de climat vous remettrait et le changement de vie vous rendrait des forces pour votre activité ultérieure... — Mais, docteur, j'ai des engagements déjà pris; j'ai des conférences promises; j'ai mon journal à diriger... — Ta, ta, ta! me dit-il. C'est cela! Vous vous êtes déjà surmené. Continuez! Brûlez la chandelle par les deux bouts! Bientôt vous ne pourrez plus ni vous reposer, ni travailler...— Mais ma maison! mais mes comités!—Eh bien! vous les adresserez à moi! Il faut pourtant, ajouta-t-il en souriant, que les ordonnances de la Faculté s'exécutent. Ecoutez-bien! J'inscris : thapsia; infusions de Jaborandi; pastilles de cocaïne et, pour achever le traitement, voyage en Algérie, changement de régime et repos absolu de l'esprit... — Mais, docseur, vous me permettrez bien de donner encore les deux conférences promises à Saint-Etienne où les affiches doivent être déjà posées et le local retenu?... — Hum! hum!... mais à la condition que ce seront les dernières.—Vous me permettrez bien aussi, docteur, d'envoyer de temps en temps des articles à mon journal. — Non, non, pas d'articles. Vous en avez déjà bien assez écrit dans votre vie. Que pouvez-vous avoir encore à dire à vos lecteurs? — Au moins, docteur, une petite correspondance par semaine, rien qu'une petite correspondance familière sur les choses que j'aurai vues, entendues ou observées dans mon voyage, car si je vais en Algérie, docteur, — et je lui parlai de la proposition de mon ami le commandant, — je pousserai jusqu'au Sahara, jusqu'aux grands chotts, jusqu'aux oasis du Souf et je pense que cela vaut la peine d'être raconté. — Vous voilà bien, vous autres journalistes, dit... ou du moins dut penser le docteur... — car ici j'avoue que je supplée ce que me dit seulement le malin sourire de ses yeux et ce qu'il fut trop aimable pour déclarer tout haut... — Vous voilà bien, vous autres, plumitifs acharnés qui ne pouvez faire un pas, ni suivre un sentier plus ou moins frayé sans éprouver le besoin de le publier *urbi* et *orbi*... comme si le monde entier devait prendre intérêt à vos moindres faits et gestes. — Eh non, docteur, pensai-je à mon tour. Nous avons bien conscience de notre petitesse, disons mieux, de notre néant. Il n'est pas besoin d'un tremblement de terre pour nous convaincre que « nous ne sommes que poudre » et que le jour prochain peut nous réduire en poudre. Pour mon compte, cher docteur, et puisque vous m'ordonnez de voyager, je vous prie de croire que j'aimerais bien mieux voyager sans ce souci de notes à prendre, de lettres à écrire, de phrases à mettre sur leur pied... Mais que voulez-vous, c'est notre métier qui veut ça. Quand nous nous sommes mis au pied ce boulet du journalisme, quand nous avons signé avec nos lecteurs cet engagement de leur fournir chaque semaine une provision de lignes d'imprimerie à lire, nous n'avons pas stipulé de vacances et il nous a fallu leur promettre d'être à eux toute l'année, de leur appartenir en toute saison, tout mois, avec ou sans grippe, en Afrique comme en Europe... Et que diraient nos bons amis du *Signal* si pendant tout un mois ils restaient sans nouvelles de leur rédacteur ordinaire? Nous serions menacés d'un désabonnement général! — Allons! allons! me dit le docteur, je vois que vous êtes incorrigible et que vous mourrez dans la peau d'un journaliste impénitent. Ecrivez donc vos impressions de voyage... Les voyages, dit-on, forment la jeunesse. Ils doivent façonner aussi l'âge mûr. Peut-être ce voyage renouvellera-t-il votre provision d'idées, de sujets... — Oui, c'est cela, pensai-je, peut-être me préservera-t-il du rabâchage! Eh! bien, c'est entendu ; merci docteur! vos intentions seront suivies à la lettre...

Et voilà comment... — à peine le temps de crier gare, — je suis venu à Khenchela. Car cet entretien avec le docteur avait lieu à Lyon, mercredi de la semaine dernière. Le jeudi, le vendredi et le samedi, je les passais à Saint-Etienne, où je donnais deux conférences dans la grande salle du Prado et une allocution familière dans l'une des salles de réunions populaires que le docteur H. Burroughs a fondées à Saint-Etienne, sous les auspices de la Mission Mac All, avec un succès qui a été relaté dans l'avant-dernier numéro du *Signal*. Le samedi soir, après ma dernière conférence donnée, je prenais le train le plus direct pour Marseille où j'arrivai le lendemain, juste à temps pour prendre un paquebot partant pour Philippeville. Je passe sur les incidents de la traversée et sur les accidents assez vulgaires de mer qui ne me furent pas épargnés. Dès l'aube de la matinée de mardi, nous débarquions à Philippeville d'où un train du matin me conduisait à Constantine. A Constantine, le même soir, le véhicule auquel j'ai fait allusion, sorte de camion à l'arrière, avec des prétentions de diligence à l'avant, qui sert à conduire et à cahoter à la fois voyageurs et marchandises, m'entraînait, au galop de ses sept chevaux et par le temps froid que j'ai dit, dans la direction d'Aïn Beïda. Arrivée dans ce village à huit heures du matin, le temps de déjeûner dans une mauvaise gargote décorée du nom d'hôtel, où l'on me fait manger un bifteck que j'ai pris tout le temps pour de l'oie confite... et rance. A neuf heures, il me faut repartir sur un véhicule traîné par cinq chevaux, plus primitif encore que le précédent et qui, dès la sortie d'Aïn-Beïda se lance à travers champs sur une route qui n'est marquée que par l'absence de toute végétation sur un lacet dont la largeur varie de deux à six ou dix mètres. C'est une piste arabe, — la nouvelle route qu'on construit n'étant pas encore achevée — où jamais caillou ni pierre ne furent mis, où jamais ornière ni fossé ne furent comblés, où jamais pont ne fut jeté sur un ruisseau, où c'est miracle qu'on ne verse pas à tous les tournants. Car, c'est un fait, par la bonté de Dieu venant en aide à l'habileté de main de notre conducteur — un Franc-Comtois des environs de Vesoul, transplanté depuis une vingtaine d'années en Algérie — nous n'avons pas, malgré bien des cahots et des heurts, versé une seule fois, et je suis arrivé sain et sauf, vers les cinq heures du soir, à Khenchela où le brave commandant W... prévenu par dépêche, m'attendait les bras ouverts et m'a fait fête, comme à un vieil ami qu'on revoit après des années de séparation. Une grande chambre avait été préparée pour me recevoir dans le Bordj (sorte de forteresse où il a sa résidence et où fonctionne le bureau arabe qui est sous ses ordres). Un beau jardin... qui sera beau du moins quand toute cette végétation, qui n'est encore indiquée que par des bourgeons, aura éclaté en feuilles et en fleurs. En attendant, de charmants enfants, un garçon et deux fillettes, les enfants de mon hôte, mettent la gaîté de leur franc sourire, l'éclat de leur babil et les roses de leurs joues dans le cadre de cette grande maison que décorent aussi les amples manteaux rouges des spahis et les larges pantalons des zouaves qui vont et viennent dans la cour, recevant et transmettant des ordres.

C'est là que sera ma demeure jusqu'à lundi de la semaine prochaine, le jour fixé pour notre première marche sur le chemin qui doit nous conduire au Sahara et qui promet d'être pittoresque. Ma prochaine lettre, qui sera sans doute datée encore de Khenchela, racontera une excursion que le commandant nous prépare aux ruines de Baghaïa, à quelque distance d'ici. — A bientôt, donc, si le lecteur prend intérêt à ces détails et, s'aidant d'une bonne carte d'Algérie, veut bien me suivre par la pensée à travers les péripéties de ces étapes sur le chemin du désert.

IIᵉ LETTRE

Une visite aux ruines de Baghaïa. — La mise à l'épreuve d'un cavalier novice. — Tout va bien. — Une belle vue de l'Aurès. — Je rêve d'une Algérie reboisée. — Loin du rêve à la réalité. — Une contrée semée... jadis... de cités. — Les inscriptions de Baghaïa. — Son rôle ecclésiastique. — L'évêque Donat et les Donatistes. — Guerres et ruine. — Une vieille médaille. — « Reparatio ». — Un vieux pâtre de brebis. — Roumân et Roumi. — Nos devoirs.

Khenchela, le 6 mars 1887.

Je suis allé hier, en compagnie de mes aimables hôtes, M. et Mme W..., visiter les ruines de l'ancienne cité de Baghaïa ou Baraïa (le *g* guttural a le son de l'*r* dans la langue du pays). Ces ruines sont à 11 kilomètres au nord-ouest de Khenchela, et l'on s'y rend — car il n'y a pas encore de routes tracées dans cette direction — par des « pistes arabes », comme on dit ici, c'est-à-dire par des sentiers de mulets qui serpentent capricieusement à travers les ondulations et les anfractuosités du terrain.

C'était une occasion pour moi non seulement de voir du pays, mais d'éprouver mes forces en matière d'équitation, car je dois avouer que je suis un cavalier fort inexpérimenté, et ce n'était pas sans quelque perplexité que je me demandais comment je saurais conduire ma monture, cheval ou mule, par ces sentiers raboteux où il faut tantôt descendre des ravines ou gravir des pentes escarpées qui marquent le lit d'anciens *oueds* (rivières ou torrents) desséchés, tantôt sauter des ruisseaux qui courent encore à travers les champs ensemencés et sur lesquels on ne s'est pas avisé de jeter de pont. Grâce à Dieu, tout s'est bien passé ; je me suis tiré d'affaire mieux que je n'espérais, et quoique ma mule fringante ait une ou deux fois pris un pas de galop sans ma permission, je me suis maintenu sur les arçons de manière à me donner confiance et courage pour l'avenir de mon voyage qui, d'ailleurs, dans les circonstances normales, se fera au pas ou au petit trot de nos montures.

Le chemin que nous suivons longe, une partie du temps, la vallée de l'Oued bou Roughel qui va se jeter vers le nord, dans le Guerah el Tharf, ce chott dont j'ai déjà parlé. Notre route nous éloigne donc de la chaîne de l'Aurès, mais elle nous permet d'en mieux embrasser l'ensemble et d'en admirer la majesté. C'est, en effet, le mot qui convient pour décrire ce massif montagneux tapissé de cèdres de sa base à son sommet et tout argenté en ce moment des neiges qui couvrent sa face nord, celle que nous apercevons d'ici. C'est si rare de voir un arbre dans cette région de l'Algérie, où la conquête arabe, comme partout, avait fait le déboisement et le désert autour d'elle, que l'aspect de cette forêt de cèdres — reconstituée et conservée par l'administration française — me remplit l'âme d'admiration. Je rêve — et qui n'a pas fait ce rêve en parcourant ces vastes plaines si uniformément dénudées et que brûlent d'aplomb les rayons du soleil d'Afrique? — je rêve d'une Algérie reboisée, plantée partout, comme elle le fut autrefois, de vignes, de figuiers, d'oliviers, de mûriers, où l'on trouverait de l'ombre sur les routes, et où le colon, après la fatigue du jour, pourrait prendre le frais sous les tonnelles, au bruit du flot clair qu'amèneraient dans son verger les ruisseaux canalisés descendus de la montagne.

*
* *

Qu'il y a loin de ce rêve à la réalité qui nous entoure! Il est vrai que nous avons trouvé, à un kilomètre environ de Khenchela, assise au bord d'un ruisselet, une blanche habitation entourée de peupliers, de saules, d'orangers et d'arbres fruitiers, qui prouve que le rêve n'est pas tellement irréalisable. C'est la demeure d'un Turc, qui, je ne sais comment, est venu échouer ici, et qui, tout comme le docteur Pangloss, cultive son jardin et s'en fait à la fois une philosophie et des revenus. Mais pendant notre marche de 22 kilomètres, aller et retour, sur deux chemins différents, nous ne retrouverons pas un autre exemplaire de cette frugifère habitation. Toujours le sol nu; pas un arbre, pas un arbrisseau, le long même des ruisselets qui viennent de la montagne. C'est à peine si en traversant ce qui a dû être autrefois une forêt couronnant les coteaux qui dominent l'Oued bou Roughel, nous apercevons de distance en distance de maigres touffes de genevriers et de lentisques verts, dont le plus haut n'atteint pas un mètre. Cette disette d'arbres explique la disette d'hommes. Il fait chaud déjà, à la saison de l'année où nous sommes, et malgré l'altitude de toute cette région, quand le soleil de midi verse ses rayons sur nos têtes ; mais que sera-ce au mois de juillet, quand le soleil, tombant d'aplomb sur ce sol sans couvert, le desséchera, le brûlera, le craquelera ? Les Arabes mêmes, couchés sous la toile de leurs tentes, y tiennent à peine. Quel Français y pourrait tenir ?

Et cependant, cette contrée presque désolée, où l'on chercherait vainement, à plusieurs lieues à la ronde, trace de villages ou de maisons bâties en pierre, — les Amamra qui l'habitent, quoiqu'ils soient de race berbère, chaouïa, ont pris aux Arabes l'usage des tentes et campent dans des douars, au flanc des collines, — cette contrée a été jadis semée de cités florissantes, entourées de murailles superbes, avec des temples, des portiques, des colonnades, des prétoires et des arcs triomphaux. C'est par dizaines que se comptaient, en effet, dans cette plaine du nord de l'Aurès, les villes romaines, et c'est par milliers que se trouvent, sur le sol, les vestiges imposants de ces villes détruites. Khenchela même est sur l'emplacement de l'ancienne ville de Mascula, mentionnée dans l'itinéraire d'Antonin, et dont l'évêque assista, en 484, au concile de Carthage. Chamugas, autre ville romaine, désignée aussi dans les inscriptions antiques par le nom de Colonia Marciana Trajana, se trouvait, à plusieurs milles à l'ouest, dans la direction de Lambèse ou Lambessa, qui fut elle-même une ville romaine florissante, comme en témoignent les ruines de l'ancienne cité qui s'étendent sur une superficie qu'on peut évaluer à 600 hectares. Les municipes romains de Verecunda, de Claudi, de Vicus Aureli se trouvaient dans la même direction. En venant d'Aïn Beïda à Khenchela, près de la ferme de M'Toussa, le relai de la carriole qui m'a amené ici, j'avais déjà noté, sur le bord de la route, tout un amas de ruines qui marquent aussi l'emplacement d'une ancienne ville romaine. Je ne parle pas de Tébessa (l'ancienne Théveste), dont on sait assez les richesses au point de vue des monuments antiques.

Mais de toutes ces cités, dont les décombres disent assez la fragilité de toutes les œuvres humaines, l'une des plus importantes dût être cette ville de Baghaïa (*Bagasis* dans Procope, *Vagaïa* dans saint Augustin), dont nous venons de franchir l'enceinte et dont nous avons maintenant les ruines sous les yeux. Le nom de la ville, d'origine berbère, semble indiquer qu'elle existait déjà avant la conquête romaine; mais c'est aux Romains, évidemment, qu'elle a dû ses murailles de grosses pierres taillées, qui ne mesurent pas moins de deux mètres de largeur, et ses tours, les unes carrées, les autres rondes, aux angles des remparts, et ses monuments, et ses temples qu'indiquent encore des fûts de colonne et des chapiteaux à moitié enfoncés dans le sol. J'y ai lu distinctement des dédicaces à Verus et à Marc-Aurèle qui prouvent que, vers le milieu du IIe siècle, elle possédait déjà des monuments publics. La dédicace à Marc-Aurèle sur un fronton large et malheureusement brisé en deux ou trois morceaux se lit comme suit :

IMP. CAES. M. AVRELIO ANTONINO. AVG...
MEDICO. GERMANICO. SARMATICO, PARTH (ICO)...

La dédicace à L. Verus est gravée sur une espèce de monument quadrangulaire en forme de cippe, et, moins deux ou trois lettres complètement effacées, j'en ai pu reconstituer l'inscription que voici :

```
IMP. CAES.
DIVI. ANTONI
NI. FIL. DIV.
HADRIANI. NEP.
DIVI. TRAIANI
PARTHICI. PRO
NEP. DIVI. NER
VAE.... NEP.
L. AVRELIO. VE
RO. AVG. PONT.
MAX. TRIBVN.
POT.. ICO. SII. PP.
DD. PP.
```

Au temps où toute l'Afrique du nord était devenue chrétienne, Baghaïa joua un rôle dans les querelles religieuses de l'époque, et fut même le berceau de la capitale de ce qu'on a appelé l'hérésie donatiste. Donat ou Donatus était, en effet, l'évêque de cette ville lorsqu'il provoqua, vers l'année 348, son schisme qui provoqua une vive agitation dans le centre de la Numidie. « L'empereur Constant, écrit un auteur, envoya deux délégués chargés d'une mission conciliatrice entre les deux partis religieux; mais Donat arma les Circoncellions qui ravagèrent le pays et qui combattirent parfois avec avantage contre les troupes impériales. Ils furent cependant battus : on en massacra un grand nombre, notamment à la suite d'une bataille sanglante livrée près de Baghaïa, et dans laquelle ils avaient osé attaquer, au milieu de la plaine, la cavalerie romaine. »

Le même auteur m'apprend qu'il se tint, en 394, à Baghaïa, un concile auquel assistèrent trois cent dix évêques appartenant à la secte donatiste. Cette réunion avait pour objet de décider entre deux compétiteurs, Priscien et Maximien, tous deux donatistes et nommés évêques de Carthage par des fractions opposées. Nous aimerions à penser que la décision de ce concile fît loi pour les fractions rivales; mais l'histoire nous dit au contraire que les troubles et les divisions continuèrent comme de plus belle après que le concile eut rendu son arrêt...

Hélas! est-ce une loi sur notre pauvre terre?...

A la conférence de Carthage, en 441, Baghaïa envoya encore un évêque donatiste. La présence constatée d'un évêque de Baghaïa au concile de 484 semble une preuve que ce ne fut que plus tard que les Maures de l'Aurès s'emparèrent de cette ville. Le général Salomon, envoyé par l'empereur de Byzance, la reprit d'ailleurs sur les Maures lors de son expédition de 538, et, sous la domination byzantine, elle devint un des principaux points de la défense du sud de la Numidie. Plus tard, au temps des Arabes, la ville fut plusieurs fois prise et reprise, démolie et reconstruite, jusqu'à sa destruction finale dont on ne peut guère préciser la date.

Aujourd'hui, l'herbe pousse sur l'emplacement des maisons, des temples et des églises où siégèrent les conciles. Quelques Berbères Amamra y ont dressé leur tente et y font paître leurs ânes et leurs moutons. Les femmes, accroupies près du *douar*, procèdent à nous ne savons quelle besogne de ménage. Les hommes, plus curieux, nous suivent et se mêlent aux *spahis* de notre escorte. Sur demande, ils nous apportent quelques pièces de menue monnaie de bronze qu'ils ont trouvées dans les ruines. La plus curieuse de ces pièces de billon est une médaille qui porte d'un côté l'effigie d'un empereur byzantin, je pense, et de l'autre un personnage allégorique tenant une enseigne sur laquelle je crois déchiffrer le monogramme du Christ et qui semble mettre le pied sur un autre personnage au-dessus duquel est une étoile. L'exergue laisse lire distinctement le mot : REPARATIO. De quelle réparation s'agit-il ? Peut être de celle que les Maures vaincus firent aux chrétiens revenus en force au temps des expéditions de Bélisaire et de Salomon. Je laisse aux numismates le soin de trancher la question.

C'est une « réparation » de même genre qui a rendu aux chrétiens, aux *Roumi,* ce pays si longtemps dévasté et opprimé par les Arabes. Puisse une civilisation vraiment chrétienne s'y implanter enfin et relever toutes les ruines faites par la barbarie musulmane ! Les pires ruines et qui seront sans doute les plus longues à relever sont les ruines morales, et parmi celles-là, la décadence, l'étiolement de ces pauvres tribus berbères qui ont toujours formé, dans cette partie de l'Algérie, le fond de la population, mais qui sont, au point de vue intellectuel et social, tombées bien au-dessous de leurs congénères de la Kabylie.

Un de ces Berbères de Baghaïa, le plus vieux de la troupe, et qui doit bien avoir soixante-dix ans, a été interrogé par le commandant sur les évènements militaires dont il a dû être le témoin lors de la prise de possession du pays par le général Herbillon. Mais le vieux Bédouin n'a rien vu ni retenu. Tous ces évènements ont glissé sur lui comme l'eau sur le marbre. Son unique réponse est : « Je ne sais rien ; je suis pâtre de brebis. »

Cette population de pâtres errants qui a vu passer sur elle tant d'envahisseurs et de maîtres, accepte d'ailleurs fort bien, aujourd'hui, la domination française. Ces ruines d'édifices et de villes au milieu desquelles ils vivent se rattachent partout, d'après les traditions locales, exactes en ce point, au nom des Romains. Nos Amamra d'hier nous racontaient même gravement que, d'une sorte de citerne qu'ils nous montrèrent, sortaient, à certains jours, des feux étranges, et que ces feux étaient les âmes des anciens « Roûman » qui occupèrent jadis le pays. Or, pour eux, les

Français d'aujourd'hui, les *Roumi*, comme ils nous appellent, sont les descendants de ces anciens Roumân. En occupant le pays, nous n'avons donc fait, disent-ils, que reprendre le bien de nos pères. Ces vues nous assurent de leur part des dispositions pacifiques ou même bienveillantes. Ne créent-elles pas pour nous, vis-à-vis de ce peuple si longtemps opprimé, des devoirs sacrés de bienveillance aussi, de tutelle et de charité, jusqu'à ce que nous l'ayons relevé, affranchi et gagné à la civilisation chrétienne ?

IIIᵉ LETTRE

Une vue sur la mer saharienne. — L'Orient. — Une nuit dans le pays des Mille et une Nuits. — Le réveil. —Quelque désenchantement — Le voyage. — Notre premier campement.— Sous la tente. — La *diffa*. — Retour à l'innocence primitive. — Pauvres moutons! — Concert de chiens. — Un pays sauvage. — Premières oasis. — Contraste étonnant. — Les Chaouïa. — Un marabout bien renté. — Oasis d'Ouldja. — Arrivée à Khanga.

Khanga-Sidi-Nadji, 10 mars 1887.

Nous voici à l'entrée du Sahara, et tout à l'heure, du haut du minaret de la mosquée de Sidi-Nadji, j'ai pu apercevoir, au delà du couloir de montagnes qui achèvent de s'abaisser en humbles collines, l'immense désert, semblable à une mer et qui peut-être, suivant l'hypothèse de quelques savants, a été une mer à une époque géologique antérieure.

Je disais, dans ma première lettre, mon étonnement de me trouver, tout à coup et d'une façon si imprévue, transporté à Khenchela, au pied des montagnes de l'Aurès. Mais que dirai-je de me trouver ici ? Khenchela, avec ses rues tirées au cordeau, avec ses quadrilatères de maisons bâties en maçonnerie, c'était encore l'Europe; c'était presque Versailles. Ici, est-ce l'Afrique ? est-ce l'Asie ? C'est partie des deux ou c'est toutes les deux à la fois. C'est « l'Orient ». Hier soir, vers les dix heures, après avoir pris congé pour la nuit de mes compagnons de route, l'idée m'a pris de faire une promenade dans le jardin du caïd attenant au pavillon qu'on m'a réservé : une pièce bien curieuse, pour le dire ici, avec des murs épais d'un mètre, des fenêtres carrées curieusement grillagées, de lourds arceaux romans qu'on dirait établis pour supporter une tour de cent mètres de haut et qui n'ont rien à porter qu'eux mêmes, car l'habitation n'a pas même un premier étage; pour tous meubles, des tapis richement historiés et qui couvrent toute la surface du sol, un lit de camp, trois tables de bois blanc, six chaises de fabrication européenne, et une aiguière de cuivre jaune. On se dirait dans une mosquée ou dans la crypte de quelque église copte, et le parfum de l'encens qu'on y a brûlé pour nous faire honneur, ajoute encore à cette impression. Hier soir, donc, errant dans le jardin qui dépend de ce pavillon, quand je me suis vu sous les tiges tremblantes de ces grands palmiers qu'éclairaient les rayons blafards de la lune, entouré des formes bizarres que dessinaient les murs à arêtes inégales, la coupole ronde de la *Kouba* (tombeau) de Sidi-Nadji, le haut minaret de la mosquée et la montagne voisine sur laquelle s'étagent les habitations aux terrasses plates des indigènes de Khanga, je me suis cru transporté par les *djinns* au pays des Mille et une Nuits, et mon étonnement eût été à peine accru si le khalife Haroun-al-Raschid ou la sultane Scheherazade m'étaient apparus, couverts d'escarboucles, entourés d'eunuques noirs portant des milliers de torches, et m'avaient demandé ce que je faisais moi, intrus, étranger, profane, au milieu de ce jardin féerique réservé aux seules bayadères.

Ce matin, au grand jour, l'illusion serait moins facile, car ces murs de boue séchée au soleil qui entourent le jardin de palmiers, cette mosquée délabrée, cette grisaille des édifices bas et plats ne donnent guère l'impression d'un palais. Les palmiers eux-mêmes, sur ce sol sec et sans herbe, perdent leur prestige poétique et me font l'effet de grands plumeaux. Décidément la nuit, surtout à la lueur argentée de la lune, est une grande magicienne. Elle cache les rides et les verrues, elle harmonise les tons trop criards, elle ajoute à toutes choses le charme du mystère. Il est vrai que le soleil, surtout le chaud soleil d'Afrique, sous le ciel d'azur profond qu'il rend plus profond encore est aussi un fameux enchanteur qui donne à la boue même un reflet bronzé et qui irise la face des monts les plus dénudés et des masures les plus maussades. Mais ce matin, par malheur, le soleil manque, le ciel est voilé, et c'est pour cela sans doute que tout m'apparaît si terne et si banal après les illusions et les mirages de la dernière nuit.

Mais nous ne sommes pas venus ici portés sur l'aile des djinns. Commençons par le commencement ce récit de voyage.

C'est lundi matin, à sept heures sonnant, que nous avons quitté Khenchela. Dès six heures et demie, les chevaux sous la selle et les mulets sous e bât piaffaient, impatients, dans la cour du *bordj*. Les spahis et les muletiers arabes, affairés, s'empressaient, chargeant les montures des tentes roulées, des cantines qui contiennent nos bagages, nos livres et nos provisions de route. Car nous partons pour trois semaines et pour des contrées où nous ne trouverons ni hôtelleries, ni abris, ni vivres, et force nous est bien, dans ces conditions, d'emporter avec nous toutes les ressources de la vie. Du reste, le commandant W..., qui a tout dirigé, a bien fait les choses, et nous ne risquons pas de mourir de faim en route ni de manquer d'abri. Six mulets qui nous précéderont ou nous suivront, selon les cas, portent l'attirail d'autant de tentes : une pour le commandant, une pour le lieutenant E..., qui doit nous accompagner jusqu'à Khanga et peut-être jusqu'à Bir-Djali, une pour M. M..., conducteur des ponts et chaussées, notre coreligionnaire (originaire du Vigan), qui est aussi du voyage ; une autre pour le caïd de Khanga qui nous fera cortège jusqu'à la capitale de son caïdat ; une autre pour moi ; une autre plus large, mais plus commune, pour la « popotte » et pour les spahis de l'escorte. D'autres mulets portent les malles et les provisions de route. Le caïd de Khanga, Si-Hasseïn-ben-Naceur, a mis à ma disposition une belle et bonne mule, au pas sûr, qui tiendra tête, pendant la chevauchée dans la montagne aux chevaux arabes sur lesquels mes compagnons de route sont montés. Telle quelle, notre colonne, avec ses quatre spahis au burnous rouge qui l'éclairent, avec nos officiers français en uniforme, avec le caïd et les cheiks arabes qui chevauchent à nos côtés, avec les muletiers berbères qui nous suivent, fait vraiment pittoresque mine et pourrait inspirer le pinceau d'un Diaz ou d'un Fromentin, quand elle se déroule en serpentant le long des rochers du Djebel-Chechar rougis ou dorés par le soleil.

Nous marchons longtemps le premier jour dans une haute vallée assez plate qui s'étend entre le Djeffa et le Chélia, le pic le plus élevé des montagnes de l'Aurès, qui se dresse à 2,328 mètres au-dessus du niveau de la mer. Ces sommets ont vraiment grand air avec leur couronne de neige et, n'était la stérilité de leurs flancs où croissent seulement quelques maigres genevriers et quelques pins d'Alep, nous pourrions nous croire en Suisse ou dans les Hautes-Alpes. D'ailleurs, absence complète d'habitations. Quelques vols de perdrix, d'outardes ou de corbeaux que notre caravane fait lever, animent seuls, de loin en loin, le paysage. Une seule maison de construction française est en vue sur un parcours de 25 kilomètres ; encore a-t-elle été abandonnée par son propriétaire et cédée à un Arabe qui l'habite comme fermier. Ce sera, d'ailleurs, la dernière de ce genre que nous verrons de tout notre voyage.

***

Après cinq heures de marche, nous mettons pied à terre dans un repli de terrain connu sous le nom d'Aïn-Djaafar, dans la vallée de l'Oued-Tamagra. Ce sera notre première étape et c'est là que nous camperons jusqu'au lendemain. Nous avons été, d'ailleurs, précédés par une partie de notre escorte, partie dès la veille, et nous trouvons, au débotté, nos tentes dressées dans la plaine, et, sous la tente du commandant, une table toute dressée et qui nous attend. On peut penser si nous faisons honneur au menu du repas, qui est d'ailleurs aussi varié et aussi substantiel que s'il avait été dressé par Véfour ou par les frères Provençaux. Outre l'ordinaire de la route, Mmes W… et M… ont prévu pour notre alimentation, craignant la disette, une foule de victuailles et de douceurs particulières, comme en eût souhaité Lucullus voyageant dans ces contrées de la Numidie. Les vins généreux et les liqueurs de choix ne manquent pas non plus, et tout en portant la santé de celles qui pensent à nous à cette heure et qui peut-être s'inquiètent pour nous, nous pensons que tout sujet d'inquiétude serait pour elles dissipé si elles nous voyaient dans les dispositions d'entrain et de bonne humeur où nous sommes.

Après le repas, la sieste, car il fait assez chaud ; puis nous écrivons nos lettres ; puis nous faisons une courte promenade dans le voisinage de notre campement, puis nous rentrons pour le repas du soir. En rentrant, je remarque des Arabes assis autour d'un feu de racines qui flambe en plein air. Je m'approche; c'est un mouton qui flambe, tournant d'une seule pièce autour de la broche. On nous le servira tout à l'heure ainsi que nous l'avons vu cuire, en son intégrité superbe, rôti de la tête aux pieds, dans une écuelle de bois qui mesure bien un mètre de diamètre. Avec le *couscouss* traditionnel qu'on sert en même temps, c'est la *diffa* ou le présent d'hospitalité que les populations indigènes (à vrai dire, je ne sais où se cachent ici ces populations) servent aux voyageurs de marque qui traversent leur territoire. Pas un jour jusqu'à présent, on n'a manqué à nous servir cette *diffa*, et il est probable que jusqu'au bout du voyage nous verrons apparaître, chaque soir, ce *méchoui* rôti et ce *couscouss* agrémenté d'une sauce terriblement poivrée et pimentée.

L'usage est de dépecer ce mouton avec les doigts, chacun piquant avec cette fourchette naturelle dans la partie de la bête qu'il a devant soi. Nous ne voudrions pas manquer à l'usage, quoique j'avoue ma gaucherie à ce premier retour aux mœurs de l'innocence que célébra Jean-Jacques en son discours à l'Académie de Dijon. Il est curieux de constater à quel point un objet aussi artificiel en soi que la fourchette peut devenir, par suite de la corruption de nos mœurs, un outil jugé nécessaire, et combien il est vrai de dire que l'habitude est une seconde nature. Un enfant de deux ans, placé en face de notre rôt, serait certainement moins gauche et moins embarrassé que la plupart d'entre nous pour en tirer parti. Mais ce n'est qu'une habitude à reprendre, et nous y serons bientôt passés maîtres.

Après nous, les restes de la *diffa* feront le tour du bivouac en descendant des officiers aux soldats, et de ceux-ci aux muletiers, jusqu'aux chiens qui auront les os, en sorte qu'il ne restera plus trace du pauvre mouton qui, hier encore, broutait sans inquiétude les herbages de l'Aurès. Ce que c'est pourtant que de ces pauvres bêtes ! Je ne sais pourquoi ce mouton tout entier, avec ses yeux en deuil tournés vers nous, avec sa bouche ouverte comme pour exhaler une dernière plainte, me paraît plus digne de pitié que tant et tant d'autres que j'ai mangés sans remords sous la forme de côtelettes grillées ou de gigots rôtis. Pour un peu, je souscrirais... jusqu'à ce que l'appétit carnassier se réveille... aux maximes clémentes des brahmines, qui se reprocheraient de marcher sur un ver, ou aux théories de nos végétariens modernes, qui ont comme eux horreur du sang et qui proscrivent strictement toute nourriture animale. Mais là encore, l'habitude devient bien vite une seconde nature, et demain ces pauvres yeux atones et cette bouche ouverte ne me diront plus rien... Cœur de pierre !... Insensible !...

* *

Nous couchons chacun sous notre tente, et comme c'est mon premier essai dans ce genre, comme d'ailleurs nous sommes campés à l'un des plus hauts points du col de l'Aurès, et qu'après le soleil couché on a le sentiment très vif du froid, j'ai quelque peine à m'endormir. Ma situation d'ailleurs me paraît si étrange et tant de pensées me montent à l'esprit ! Que diraient les miens, que penseraient mes amis de me voir en ce lieu, sous cette toile retenue par des piquets ?... Et puis ces chiens qui aboient tout autour de nous, qui hurlent toute la nuit ! Je doutais qu'il y eût des habitants dans ce pays. Il doit bien y en avoir, et en nombre, puisque les gardiens de leurs *douars* sont capables d'un tel concert ! En ruminant de ces choses, je finis cependant par m'endormir, et quand je me réveille, à six heures, l'ordre est donné pour plier les tentes — ce qui se fait en un tour de main, les Arabes sont si habiles pour cela ! — et pour reprendre la chevauchée. En quelques minutes tout est prêt et nous voici de nouveau sur la route du désert.

**

Nous faisons halte, vers les onze heures, pour le déjeûner, tout près du confluent de l'Oued-el-

Melagou et de l'Oued-el-Arab. Là encore, une tente a été dressée, et, sous cette tente, une table chargée de provisions de bouche. Après quoi, nous passons, à un gué, l'Oued-el-Arab dont nous suivrons désormais le cours sur la rive gauche qui est sur le territoire militaire dont mon ami M. W... a le commandement.

Une sorte de route muletière a été tracée de ce côté par les soins de l'administration militaire; mais, quoique cette route constitue sans doute un progrès énorme sur ce qui existait avant elle, quoique maints passages presque infranchissables aient été franchis et maints obstacles presque insurmontables surmontés par elle, elle laisse subsister cependant des pentes si raides et des montées si abruptes que c'est merveille si nous ne sommes pas jetés quelquefois à bas de nos montures et si nous ne dévalons pas dans le torrent. Mais nos bêtes, je l'ai dit, ont le pied sûr et montagnard (elles n'ont jamais connu d'autres routes, ces pauvres bêtes !) et pour mon compte, je suis tout surpris de me tenir si solidement en selle et de ressentir si peu de fatigue à la fin de ces longues étapes (nous faisons ce jour-là 35 kilom.; nous en ferons autant le lendemain).

Cependant le pays devient étonnamment sauvage ; les montagnes sont de plus en plus âpres, tourmentées et arides. Plus nous avançons, plus ce caractère s'accentue. Toute trace d'arbres disparaît d'abord ; puis les touffes d'herbes déjà bien rares se font elles-mêmes de plus en plus rares, jusqu'à ce que nous n'apercevions plus de tous côtés qu'un amoncellement de roches calcinées et nues. Quand j'en demande l'explication en m'écriant : « Est-ce déjà le Sahara ? » on me dit que c'est le *Chehli*, un vent desséchant qui souffle du sud, qui a mis toute cette contrée en cet état lamentable de stérilité. Le Sahara viendra plus loin, mais j'ai peine à croire que je le trouve plus désert et plus desséché.

Tout à coup, et par le plus inattendu des changements à vue, nous apercevons, au tournant du sentier... une oasis. Imaginez dans ce cadre de montagnes pierreuses et couleur d'ocre que j'essaierais vainement de décrire, un tableau de verdure, mais d'une verdure si intense que je n'en ai jamais vue de pareille ! C'est Keïran, notre étape prochaine. L'Oued-el-Arab qui jusque-là serpente au milieu de ces roches brûlées et qui a dû creuser son lit au fond de ravins à pic, vertigineux, épouvantables, voit ici sa vallée s'élargir et sur chacune de ses rives les terres d'alluvion tombées de ces montagnes pelées qui la circonscrivent ont permis de planter une forêt de palmiers et d'oliviers au feuillage toujours vert. Des champs d'orge naissante, à la verdure plus éclatante encore, bordent la lisière de l'oasis ou s'étendent entre les plantations d'oliviers et de palmiers. Çà et là, dans les jardins, des abricotiers couverts en ce moment de leurs fleurs d'un rose si tendre ajoutent encore à l'effet printanier de ce riant tableau. Non, certes, jamais tableau pareil n'avait encore frappé mes yeux, et le contraste est si grand entre cette nature si morte, si sauvage dont nous étions enveloppés, et cette nature si vivante, si fertile et si belle qui nous apparaît soudainement, que je n'imagine pas que le passage de la terre au ciel puisse causer beaucoup plus de saisissement aux âmes des élus.

Nous sommes ici en plein pays berbère, au cœur du territoire des *Chaouïa* de l'Aurès, comme on appelle les Kabyles de ce pays-ci. Pour nous en convaincre, nous n'aurions qu'à considérer ce village de masures si pittoresquement étagé au flanc du monticule conique qui domine l'oasis, car tandis que les Arabes purs ont presque partout gardé l'habitude de camper sous la tente, les Berbères sont restés fidèles au mode de construction qu'ils ont reçu de leurs ancêtres. Il suffit d'ailleurs de considérer les types de physionomie des gens du village, et tout d'abord de cette délégation, de cette *djemmaa* qui vient au-devant de nous, son cheik en tête, nous souhaiter la bienvenue, pour être convaincus que nous n'avons pas devant nous des Sémites. Dépouillez ces gens de leur burnous, qu'ils ne portent pas d'ailleurs avec le même flegme et la même majesté que les Arabes; habillez-les à la mode de nos paysans de France, et, sauf le teint plus bronzé et plus hâlé, vous croirez avoir devant les yeux des Français de nos provinces du Centre. Car il y a ici comme sur notre sol où tant de races, — Ibères, Celtes, Romains, Francs, etc., — se sont aussi mêlées et fondues, des bruns, des châtains et des blonds, des nez aquilins et camus, des lèvres fines et des bouches lippues, des faces larges et des figures longues, des dolichocéphales et des brachycéphales. Nous sommes de sang mêlé, *Chaouïa* comme eux. Le jour où ils seraient devenus chrétiens et auraient appris notre langue, ils seraient bons Français comme nous. C'est une race, comme je le disais, à affranchir, à relever, et qui pourrait, dégagée de l'étau musulman qui l'étouffe, se montrer capable tout autant que nous de civilisation et de progrès.

Malheureusement, l'idée religieuse n'est ici représentée que par une *zaouïa*, sorte de couvent ou de confrérie de l'Islam, attachée à une mosquée où l'on vient en pélerinage de plusieurs lieues à la ronde et dont le marabout, grassement entretenu, comme les moines du moyen-âge, par les présents des fidèles, groupe autour de lui, — sans parler de son harem, — un certain nombre d'étudiants de douze à vingt ans, dont les études vont à apprendre par cœur et à réciter mécaniquement les *surates* du Coran. Une confrérie comme celle-là — et il y en a beaucoup de semblables en Algérie — représente une montagne de superstition, de fatalisme, d'ignorance et de conservatisme borné qu'il sera bien difficile de déplacer ou de supprimer. Que Dieu nous soit en aide et suscite des apôtres qui fassent connaître à ces pauvres dupes du faux prophète le nom et la personne du vrai, du seul Libérateur !

Ce marabout dont j'ai parlé et auquel nous rendons la visite qu'il est venu faire au commandant, nous reçoit d'ailleurs fort bien et nous traite fort hospitalièrement. Nous prenons avec lui le café sur les tapis de sa mosquée, et le soir c'est lui qui se charge de nous fournir la *diffa* qui ne se compose pas seulement du mouton et du couscouss habituels, mais de lait de chèvre, de miel excellent et d'une foule de pâtisseries faites par les mains exercées des dames de son harem.

Comme la veille, nous couchons sous la tente, et le lendemain, à sept heures, nous repartons, quittant l'oasis de Keïran pour nous engager de nouveau dans des défilés sauvages, au milieu de roches de gypse, de marne et de schiste terriblement effritées, où la dent des chèvres elles-mêmes trouve à peine, de loin en loin, un brin d'herbe à brouter.

A onze heures, nous sommes à Ouldja, seconde oasis sur les bords de l'Oued-el-Arab. Le commandant W... et le conducteur des ponts et chaussées entendent les doléances des habitants de ce village qui se plaignent que la *seguia* (conduite d'eau, petit canal) qui fait dériver dans leurs plantations les eaux de l'Oued, se crève par mainte fissure. Ils réclament l'aide de l'Etat pour la réparation de leur canal. Nous allons visiter les lieux et le commandant leur promet que les travaux seront faits. On leur distribue aussi, comme on a déjà fait aux habitants de Keïran, des arbres fruitiers : pommiers, poiriers, pêchers, coignassiers, pruniers, toutes essences qui manquent dans leurs vallées, et dont l'administration leur fait don. La mesure est bonne et prouve qu'on veut, en haut lieu, le bien de ces braves gens. Mais n'est-il pas à craindre qu'on ne favorise chez eux leur incurie naturelle en leur donnant l'idée d'un Etat qui doit pourvoir à leurs besoins ? Nous avons beaucoup trop, en France, cette idée de l'Etat-Providence. Craignons que les Berbères ne deviennent trop vite Français en ce point !

Encore une chevauchée de trois heures à travers des montagnes toujours abruptes et toujours pierreuses et finalement le long d'une gorge des plus encaissées, où il n'y a place que pour la rivière et pour le sentier qu'on a dû conquérir sur la roche — on passait autrefois dans le lit même de l'Oued — et nous voici au débouché d'une nouvelle oasis, plus large et plus importante que les précédentes. C'est Khanga Sidi-Nadji, d'où j'écris cette lettre, petite ville de 3,000 âmes, — Arabes, Juifs, nègres, Berbères surtout. C'est là que réside Si-Hasseïn, le caïd qui nous a accompagné depuis Khenchela et qui appartient à l'une des plus nobles et plus vieilles familles arabes du pays. Sa figure fine, son expression bienveillante, avec une nuance de timidité et de tristesse, son nez mince et arqué, ses mains longues aux fines attaches, sa haute taille, tout annonce son origine aristocratique et de race arabe pure. Les cinq frères qui sont venus nous attendre sur la route, montés sur leurs chevaux élégamment caparaçonnés, sont, comme lui, des jeunes gens de port élégant, de belle figure et de physionomie intelligente. Ils se disent de souche chérifienne, c'est-à-dire descendants du prophète (Mahomet) dont ils peuvent porter, en conséquence, le caftan vert. Ils ont été élevés par un père, mort récemment, qui avait aussi le titre de caïd et qui a fidèlement tenu toute sa vie la cause des Français. On nous a montré ce matin, dans la mosquée dont le caïd — car il est aussi marabout — est le chef, le tombeau, couvert de tapis, de ce père, Si-Naceur, ainsi que celui de Sidi-Nadji, le fondateur de cette branche des Abassides, et le premier de ces grands chefs, semble-t-il, qui ait résidé à Khanga. Nous sommes ainsi en pleine terre sainte musulmane. Ce matin, j'ai monté au sommet du minaret carré d'où le muezzin, se tournant successivement vers les quatre points du ciel, appelle trois fois par jour les fidèles à la prière. Justement le voici qui, de sa voix dolente, vient de psalmodier, à plusieurs reprises, l'invitation à la prière du soir. C'est l'heure de clore cette longue lettre et d'en renvoyer, comme dans les romans-feuilletons, la suite au prochain numéro.

IVᵉ LETTRE

Le Sahara. — Aspect général : plat, sans banalité, immense et mélancolique. — Le pays de la lumière. — Changement de caïds. — Le caïd Belkassem. — Les terres de parcours. — La fertilité du désert. — Fertilité fort aléatoire. — La pluie dans le Sahara. — Pluies bénies ! — Fleurs du désert et fleurs de l'âme. — Renouveaux à préparer. — Puits romains réparés par les *Roumi*. — L'eau saumâtre et les pessimistes. — Le mirage.

Oasis de Ferkane, le 14 mars 1887.

Cette fois, m'y voici bien ! C'est bien lui, tel que je me l'étais figuré, le Désert, la plaine immense, fauve et nue (c'est ce que signifie *Sahara* en arabe) la mer de cailloux, de sables, de terre sèche, aux aspects multiples et cependant uniformes, vaste comme l'Océan et mélancolique comme lui.

Il semble que cette platitude infinie qui est le

caractère général de l'immense région saharienne,
— malgré les dunes, les ravins et les collines pelées
qu'on peut relever çà et là — dût imprimer à toute
cette région un sceau de banalité désespérante.
Imaginez en France une immense Beauce stérile,
sans arbres, sans moissons, sans moulins, une
Crau, un Champ de Mars s'étendant sur des millions de kilomètres carrés ! Quel tableau insipide !
Eh bien ! non, le Sahara n'est ni insipide ni
banal ! On y voyagerait des mois sans lui trouver
cet aspect. Ce qui l'en préserve, c'est, avant tout,
pensé-je, cette lumière intense de son ciel qui
donne à tous les horizons qu'elle atteint un
aspect cristallin véritablement féerique. Ces collines de grès en décomposition ou d'argile jaunâtre
que nous longions ce matin, en quittant Khanga,
semblent maintenant, sous cette coloration prestigieuse, faites de pierres précieuses, où se fondent
les tons de la topaze, du rubis et de l'améthyste.
Ces masures de boue sèche paraissent taillées
dans le grenat. La voûte céleste ressemble à un
dôme de cristal derrière lequel s'étendrait un plafond de saphir. Sous l'éclat des rayons qu'une
telle voûte tamise, on comprend que le sable
même que nous foulons aux pieds s'irise et s'il-

lumine comme s'il contenait des paillettes d'or ou de la poussière d'étoiles.

**

C'est le 11 mars, par un temps clair et ensoleillé comme je viens de dire, que nous avons quitté l'oasis de Khanga Sidi-Nadji. Nos compagnons de route, le lieutenant E... et M. M..., doivent nous quitter à quelque distance, après avoir pris une vue de cette partie du Sahara. Le caïd Si-Hasseïn nous accompagne un peu plus loin, jusqu'à l'étape du déjeûner, à partir de laquelle nous passons dans le caïdat et sous les soins du caïd Si-Belkassem.

Ce nouveau caïd est un homme fort aimable, aux traits énergiques, au regard vif et intelligent. Il parle fort bien le français, — ayant été élevé au lycée de Constantine, — avec un léger accent toulousain qui s'harmonise bien avec l'ensemble de sa physionomie. Je suis heureux de cette circonstance qui me permettra de lier conversation et d'échanger quelques idées avec ce compagnon de route, qui se montre d'ailleurs ouvert autant qu'aimable et qui, tout bon musulman qu'il tienne à être, n'a rien des préjugés bigots dans lesquels nombre d'indigènes sont confits. Il est le chef de la tribu des Ouled-Rechaich qui fait partie de la confédération (berbère) des Nememcha. Mais lui-même n'est ni Berbère, ni Arabe. Il descend d'un de ces officiers turcs qui composaient autrefois les *maghzems* des deys d'Alger. Ses frères, qui l'accompagnent, sont les plus intrépides chasseurs de gazelles de la tribu des Nememcha. Chaque jour notre table sera, grâce à leur adresse à la chasse, grâce aussi à leurs agiles lévriers de race pure (*sloughis*), fournie de gibier : gazelles, lièvres, perdrix, etc.

Une partie de la tribu des Ouled-Rechaich que commande le caïd est en ce moment campée au Sahara, dans les plaines qui s'étendent au pied de leurs montagnes et que nous traversons en ce moment. C'est ce qu'on appelle les « terres de parcours. » La plupart des tribus de la montagne possèdent dans le désert une large étendue de ces terres-là. — Mais à quoi bon, dira quelqu'un, si le Sahara est la plaine aride et infertile que nous supposons ? — Il est vrai qu'il est telles parties du désert où même la dent des chameaux, qui ne sont pourtant pas difficiles, ni celle des moutons qui rase le sol de si près, ne trouverait rien à brouter. Mais la stérilité du Sahara n'est pas telle cependant qu'il n'y ait certaines de ses parties qui pourraient devenir le grenier du monde si les pluies de la première et de la dernière saison les arrosaient régulièrement. Il y a notamment dans la région que nous traversons, en allant de l'Ouest à l'Est vers Négrine, quantité de terres d'alluvion amenées là par les oueds qui descendent des montagnes de l'Aurès et qui viennent expirer sur ces plaines où ils constituent une sorte de Delta. Ce Delta serait aussi fertile que celui du Nil si ces oueds qui descendent en torrents après les orages n'étaient pas si vite desséchés ou si le ciel versait plus souvent sur ce sol avide ces pluies que les Arabes appellent « la bénédiction d'Allah. » On cite telle année où les orges confiées au sol — car les tribus se décident parfois à ensemencer telle ou telle partie de ce Delta saharien — ont donné un rendement extraordinaire : le caïd Belkassem me parle d'un grain, d'un seul grain qui aurait donné cinq cents épis ! Et comme j'avais peine à retenir l'expression de mon doute, pensant qu'il s'agissait de cinq cents grains, non de cinq cents épis, on m'a apporté quelques touffes d'épis de la saison présente, chaque touffe issue d'un grain unique, et si fournie, si drue, que j'ai renoncé à en compter les épis; mais j'estime qu'il y en avait bien plus de cent à la touffe.

Seulement, comme il arrive souvent, les pluies, qui avaient été par chance abondantes à l'automne, ont manqué au printemps — c'est le mois de février qui marque ici le printemps, — et l'on considère la moisson de cette année comme manquée. Les épis sont bien là, mais les pailles se dessèchent avant que le grain ne soit formé dans la bale. On se console en pensant que ces touffes d'orge verte serviront de fourrage aux bestiaux.

C'est que cette question de l'alimentation du bétail est la grosse affaire pour ces nomades. Ce ne sont pas leurs chétifs jardins de figues dans les vallées de l'Aurès ou leurs plantations de dattiers ou d'oliviers au bas des montagnes dans les oasis arrosées par les *oueds* expirants qui peuvent suffire à faire vivre toutes les populations de ces montagnes. Il leur faut l'élève des bestiaux, — chameaux, ânes, moutons, chèvres — je ne parle pas des bœufs ou vaches qui trouveraient ici trop chiche pâture, ni des porcs, qui sont proscrits par les Arabes comme par les Juifs. — Or, ce ne sont pas les montagnes pelées, brûlées et effritées que nous avons traversées qui pourraient donner à ces bêtes un pâturage suffisant. Le Sahara est presque plantureux à côté. C'est donc vers le Sahara qu'on descend au moins dans cette saison de l'année, quand il y a chance de trouver çà et là quelques touffes d'herbes ravivées par les pluies d'automne ou d'hiver avant que l'été torride n'ait tout calciné de nouveau. La moindre ondée tombant en cette saison représente presque son poids d'argent pour ces pauvres nomades. Si toute la saison se passe sans pluie, non seulement les ensemencements, là où on en fait, ne lèvent pas, mais encore les chameaux deviennent galeux, et les agneaux, comme il est arrivé cette année, meurent en masse.

Ces détails qu'on me donne émeuvent ma compassion pour ces pauvres nomades. Justement cette première journée de marche au travers de la plaine aride a été si chaude, si brûlante, que je soupire autant que les bêtes et les plantes après une bonne averse. Dieu soit loué. Pendant la nuit passée au bord du puits qui porte le nom de Bir-Taddart, nous sommes réveillés par un vent violent, si fort qu'il menace d'enlever nos tentes et que les Arabes accourent pour en consolider les piquets. Ce vent d'ouest, après nous avoir envoyé beaucoup de sable, nous apporte enfin la pluie si longtemps attendue. Il fait bon entendre tomber ces grosses gouttes sur la toile de nos tentes. Si j'osais, je sortirais pour recevoir moi-même la bienfaisante ondée. Quelle délicieuse fraîcheur après les chaleurs accablantes de la journée ! Nos chevaux et nos mulets, campés autour de nos tentes, les pieds pris dans une corde fixée à des piquets, suivant l'habitude du désert, renifflent et hennissent avec une évidente satisfaction. Quoique l'herbe se taise, j'ai le sentiment qu'elle aussi aspire avidement l'ondée vivifiante. La parole d'Esaïe me revient en mémoire et je n'ai jamais mieux compris qu'à cette heure la vérité de l'image qu'il emploie : « Comme la pluie et la rosée descendent des cieux et n'y retournent pas sans avoir arrosé, fécondé la terre et fait germer les plantes, pour donner de la semence au semeur et du pain à celui qui mange.... il en sera de même de ma parole sortie de ma bouche ; elle ne retournera point à moi sans effet…. » Oh ! qu'ainsi soit ! Que le symbole et la promesse aient en même temps leur accomplissement ! Que le désert fleurisse un jour comme la rose ! Que de la terre sèche jaillissent partout des sources d'eau ! Que les nuées se déchirent et fassent pleuvoir la fidélité, la justice et la vraie piété ! Notre France, au point de vue spirituel, n'est-elle pas, en trop d'endroits, un vrai Sahara ? Que les rosées divines tombent sur elle, la fécondent et la fassent germer !

Le matin du 12, nous repartons à l'heure habituelle (7 heures du matin) pour aller camper auprès d'un autre puits (Bir-Djali). La pluie de la nuit a produit son effet. Au lieu de la teinte désespérément grise et jaune de la veille, le désert a presque revêtu une mante verte. Les plantes qui s'étiolaient se sont ravivées ; du gazon qui se mourait sortent des brindilles vertes ; même des fleurettes, promesses de germes futurs, se sont épanouies en tendres corolles, et semblent nous dire en se tendant vers nous : « Pourquoi désespérer du désert et du monde ? Cherche, voyage !

Tu ne trouveras pas une contrée si sauvage ni une société si corrompue, qu'elles ne puissent produire, sous la pluie et la bénédiction de Dieu, l'une ces fleurs aux couleurs si suaves, que tu admires chez nous, l'autre ces fleurs de l'âme, *flores de alma*, plus suaves encore, qu'a chantées le poète portugais. Laisse ta mélancolie, tes tristesses ! Tant que ces fleurs s'épanouiront, le pessimisme des philosophes du jour sera tenu en échec. Songe qu'une seule de nous suffirait, le jour où cela plairait à Dieu, pour repeupler ce désert, pour le parfumer et le couvrir de fleurs ! »

Multa renovantur quæ jam cecidere...

Oui, bien des chutes de feuilles et de cités n'empêchent pas les promesses de bien des renouveaux. L'Eden n'est pas seulement derrière nous, il est devant nous. A nous de travailler pour en préparer le retour. Ce qui fait la faiblesse de l'islamisme et ce qui en prépare la décomposition et la ruine, c'est — comme on l'a dit souvent — sa doctrine fataliste, son idée d'un Dieu implacable comme le destin, à qui la prière est due comme un hommage, (aussi ses prières sont-elles de vaines formules de glorification, non des soupirs de l'âme), mais dont elle ne saurait changer les arrêts ni attendrir la volonté. Ce qui fait, au contraire, la force du christianisme, c'est à côté de sa notion d'un Dieu-Père, capable de compassion « comme un père envers ses enfants », l'idée, l'idée féconde que nous sommes « ouvriers avec Dieu » appelés à lui servir de témoins, à sanctifier son nom, à préparer son règne et l'avènement de son Fils sur la terre. Quelle activité ne doit pas nous donner cette conception de nos rapports avec Dieu et quelle noblesse cette activité n'en reçoit-elle pas!...

* *

Mais où s'en vont mes pensées ?... Non pas si loin pourtant qu'elles ne me ramènent, au petit trot de ma mule, au puits de Bir-Djali. Ce puits, de quarante-deux mètres de profondeur, avait été, comme celui de Bir-Taddart, non moins profond, (je rappelle que *bir* en arabe signifie puits) creusé par les Romains qui avaient ici, au bord du désert toute une ligne de postes, peut-être même de municipes, reliés entre eux par une voie romaine dont on a retrouvé des vestiges. Les Arabes, fatalistes et, de plus, insouciants comme des enfants, avaient laissé ces puits se combler et n'avaient jamais songé à les réparer. S'ils avaient été comblés n'est-ce pas que « c'était écrit » ?

Et les pauvres nomades, plutôt que de les déboucher, s'astreignaient, ou plutôt astreignaient leurs femmes — car ce sont elles d'ordinaire qui sont chargées de ces rudes corvées, — à aller, avec leurs ânes chargés d'outres, chercher de l'eau à des puits distants de huit, dix ou douze lieues ! Imaginez la fatigue ! il fallait partir à trois heures, quatre heures du matin et revenir, par le poids de la chaleur du jour, pour que les hommes et les bêtes eussent à boire avant le coucher du soleil... et repartir le lendemain et le surlendemain pour la même corvée, tant que durait le campement.

Les « chrétiens » sont venus ; les *Roumi,* les Français ont vu ces bouches de puits entourées de maçonnerie solide et, à peu de frais, les ont dégagés, remis en état et ont retrouvé au fond l'eau courante.

Le commandant W..., pour sa seule part, a reconnu et excavé trois de ces puits romains situés dans le rayon de son cercle. Le puits de Bir-Djali, auprès duquel nous venons d'établir nos tentes, est son œuvre de cette année. L'œuvre achevée et l'eau retrouvée, le commandant a pu donner congé aux quatre maçons ou puisatiers italiens qui y étaient occupés.

Quel bienfait que celui d'un puits en cette région ! Que de trajets abrégés, que de fatigues épargnées pour de pauvres femmes de pasteurs ! Il faut voir le soir, autour des puits existants, accourir de partout les nomades poussant devant eux leurs troupeaux et faire la queue auprès du *timbre* de pierre attenant au puits, attendant leur tour, jusqu'à ce que la longue corde tirée par un âne ait amené le sceau qu'on verse dans l'auge. Ces Arabes patiemment assis, dans leur costume de patriarches, avec leurs outres de peaux de chèvre, ces chameaux ou ces ânes broutant dans le voisinage le maigre gazon, ces tentes dressées aux alentours, (car les douars recherchent le voisinage des puits, et c'est là d'ailleurs que campent les caravanes de passage qui ont à voyager comme nous dans le désert), les feux du crépuscule sur ce tableau ou, quand la nuit est tombée, les feux de bivouac qui s'allument pour cuire le mouton, le chevreau ou la venaison qui fourniront le repas des bergers et des caravanes, tout cela forme un ensemble extraordinairement pittoresque, un spectacle inoubliable pour quiconque l'a vu, ne fût-ce qu'une fois.

*_**

J'oubliais de dire que les eaux de Bir-Djali, comme celles de Bir-Taddart, comme celles de la plupart des puits du Sahara, ont un goût fortement saumâtre et sont fort troubles quand on les apporte sur la table. Mais quoi ! l'on se fait à tout. Et d'ailleurs on n'a pas le choix. Quand il faut ou boire ces eaux-là ou mourir de soif, on se décide à les boire. Hartmann et Schopenhauer eux-mêmes, en dépit de leur pessimisme, qui devrait, en bonne logique, les pousser à rechercher les occasions de mourir, seraient fort capables, faute de leur chope quotidienne, de boire de cette eau saumâtre. Plus d'un de ces pessimistes farouches redirait, le cas échéant, le propos de Mecenas :

.. .. Qu'on me rende impotent,
Cul-de-jatte, goutteux, manchot, pourvu qu'en somme
Je vive, c'est assez, je suis plus que content.

*_**

Nous partons, le 13, de Bir-Djali et nous nous dirigeons, remontant un peu au nord-est, vers l'oasis de Ferkane. Il ne reste plus trace de la fraîcheur causée par la pluie de l'avant-dernière nuit. La terre a bientôt fait d'en absorber l'humidité et la plaine reparaît aussi sèche, — quoique sans doute un peu plus feuillue — que s'il n'avait pas plu depuis deux mois. La chaleur est redevenue intense, comme au mois de juillet chez nous et, surtout quand la brise cesse de souffler, paraît plus intense encore par la réverbération du sable et des cailloux sur lesquels nous marchons. Là m'apparaissent pour la seconde fois, — car j'en avais eu déjà l'avant-veille quelques aperçus, — les phénomènes du mirage.

Je crois me rappeler que le docteur Lenz, dans le récit qu'il fait de son *Voyage à Tombouctou*, nie absolument qu'il existe rien de pareil à ce que tant de voyageurs ont appelé de ce nom. Il n'a jamais vu, quant à lui, de mirage — peut-être est-il myope, et j'ai remarqué en effet que si, myope moi-même, j'enlevais mon binocle, l'effet ne se produisait pas, au moins avec la même intensité, — et de là, il a bientôt fait de conclure que ce qu'il n'a pas vu n'existe pour personne d'autre.

Que de gens, — non seulement parmi les voyageurs, — sont myopes en ce point ou même aveugles et raisonnent de cette sorte : Je n'ai pas vu de couleurs, donc il n'y a pas de couleurs. Je n'ai pas vu d'âme, donc il n'est point d'âme. Dieu ne m'a pas parlé, donc Dieu n'est pas !

*
**

Pour en revenir au mirage, l'effet en est vraiment étrange et voici, d'ordinaire, comment il se produit. C'est au milieu du jour, au plus fort de la chaleur, entre midi et trois heures qu'il se manifeste habituellement. Peut-être l'état de fatigue dans lequel vous êtes, s'il vous arrive de voyager à cette heure-là, ce qu'on pourrait appeler l'état *subjectif*, se prête-t-il à l'illusion ; mais l'*objectif* doit entrer aussi dans l'explication et voici en quoi il consiste. Le Sahara a la propriété de distancer des horizons rapprochés ou de rapprocher des horizons éloignés sans qu'on puisse se rendre compte, par la vue, de la vérité de l'impression reçue. J'ai vu le *spahi* arabe qui nous sert d'éclaireur, prendre tout à coup, quand il se trouvait sur le sommet d'une dune ou d'un monticule qui bornait notre horizon à cent mètres devant nous, les proportions d'un géant. C'est qu'à notre droite ou à gauche, l'horizon embrassé par notre vue s'étendait à une ou deux lieues ou davantage et que la teinte des terrains ou la disposition du sol amenait mon œil à se figurer que le *spahi* chevauchait à la même distance ; d'où les proportions gigantesques sous lesquelles il m'apparaissait.

Le phénomène du mirage tel que je l'ai perçu jusqu'à présent s'explique de même. Vous voyez devant vous, à la limite extrême de l'horizon, un rideau d'arbres que vous supposez être, suivant leurs formes ou les caprices de votre imagination, une oasis de palmiers, un rideau de peupliers, une forêt. En avant, au plan qui précède immédiatement, une surface blanche qui s'étend à droite ou à gauche vous fait l'effet d'un lac ou d'un grand fleuve. Vous vous dites : Le désert cesse là ; nous allons enfin trouver de l'ombre et de la fraîcheur. Vous marchez, vous marchez, le lac et le rideau d'arbres se reculent toujours jusqu'à ce que vous veniez à vous rendre compte que ce que vous preniez pour un lac était simplement la réverbération du soleil sur le sable et que ce que vous preniez pour une forêt ou pour une oasis consistait en quelques touffes de *halfa*, de *çfar*, de *henna* ou d'autres plantes du désert; parfois, quand l'illusion a été le plus persistante, en une haie de tamarins qui croissent le long d'un *oued* desséché.

Vᵉ LETTRE

Les joies de l'arrivée. — Des huîtres au désert. — Culte du dimanche. — Nos privilèges. — Un derwiche hurleur. — Pauvres Arabes. — Négrine. — Un télégraphe optique. — Une instruction judiciaire. — Coudiat-el-Maïsa. — Midâs. — Tamerza. — Un grand marabout.

Chebika, (Tunisie) le 17 mars 1887.

J'ai laissé le lecteur sur la route de Bir-Djani à Ferkane, contemplant les effets du mirage. Il n'est pas de route si longue, même au désert, sous l'action d'un soleil ardent, qui ne finisse par s'achever, et, quand la route a paru longue, le relai d'étape semble d'autant meilleur. Et comme on apprécie, au débotté, de trouver comme nous trouvons chaque jour — car une partie de notre escorte nous précède pour ces arrangements, — les tentes dressées, la « popotte » faite et le couvert mis! Avec quel appétit on se met à table, et que de ragoût cet appétit communique aux mets les plus ordinaires !

J'ai tort d'ailleurs quand je parle de mets ordinaires, car la vérité et la reconnaissance m'obligent à dire que, depuis notre départ — et cela promet de durer jusqu'à la fin — notre ordinaire de table est plutôt recherché et tel qu'on n'imaginerait pas qu'on puisse s'en procurer au désert. Le premier jour où le caïd Si-Belkassem nous a souhaité la bienvenue au bord du puits de Taddart, en plein Sahara, devinez quels coquillages — d'après lui détachés des anfractuosités du puits — ont ouvert le repas ? — Des huîtres, et parfaitement fraîches je vous assure, autant que si elles étaient parties la veille des parcs de Cancale ou de Marennes. Au moyen de relais de courriers rapides qu'il a établis depuis Khenchela, le brave caïd nous fait tenir chaque jour notre courrier et nous procure, par surcroît, de ces « délicatesses » : asperges, salade verte, artichauts tendres, et le reste. Des huîtres à Bir-Taddart ! le fait méritait cependant d'être noté, avec son explication, ne fût-ce que pour empêcher les géologues de l'avenir de discuter à perte de vue sur les écailles de ces mollusques qu'ils sont exposés à rencontrer un jour sur les sables du désert et pour les mettre en garde contre les conclusions trop hâtives qu'ils en pourraient tirer en faveur de l'existence d'une mer saharienne, comme prouvée par ces vestiges à une époque géologique très voisine de nous.

*
* *

Mais « l'homme ne vit pas de pain seulement » et, après nos ablutions faites et notre repas pris sur le mamelon dominant l'oasis de Ferkane où nos tentes ont été dressées, nous nous souvenons, le commandant W... et moi, qu'il est dimanche, que là où *deux* seulement sont assemblés au nom de Jésus-Christ, Il a promis d'être en tiers avec eux. Nous nous réunissons donc pour lire sa Parole, pour invoquer son Esprit, pour lui rendre grâce de ses bienfaits qui sont sur nous en si grand nombre et pour Lui adresser les requêtes que les circonstances, le pays et les hommes nous suggèrent naturellement. Nous nous relevons, certains que nous avons été entendus et bénis. Oui, cette heure a passé comme une heure de rafraîchissement, comme une heure d'agape spirituelle. Quel privilège que celui du chrétien de pouvoir, en tout lieu, en tout temps, — sans avoir besoin de l'office

d'un prêtre ou de l'intermédiaire d'un marabout
— trouver auprès de son Dieu et de son Sauveur,
les secours et les bénédictions dont son âme sera
retrempée !

∗

Hélas ! je dois d'autant mieux apprécier ce privilège que j'ai pu, le soir même de ce dimanche, voir à quel point c'est un *privilège* en effet, et combien les pauvres Arabes qui nous entourent sont encore éloignés de ce « culte en esprit et en vérité » que le Père céleste demande de ses vrais adorateurs. Le soir — après le dîner où nous sommes comme à l'ordinaire réunis, le commandant, le caïd et moi — nous entendons les accents mélancoliques de la flûte. Le fait n'avait rien en lui-même que d'ordinaire, car nous avons dans notre escorte un amateur indigène qui, tous les soirs et même le jour quand nous sommes campés, se livre sur cet instrument d'un mode primitif aux accords d'ailleurs peu variés et toujours tristes, que lui suggère son inspiration. Mais ce soir-là, on distinguait le son de deux flûtes et la mélodie qu'elles rendaient était d'ailleurs quelque chose d'étrange, de fantasque, à quoi ne nous avait pas habitués notre ordinaire joueur de flûte. Je m'informe. Et comme, dans la journée, un *derwiche* est venu demander l'aumône au commandant, — qui s'est montré très libéral, ainsi qu'il fait d'ailleurs pour tous les pauvres et les vieillards qui lui tendent la main, — on suppose que c'est ce derwiche qui se livre à ses exercices sous la tente des spahis. J'avais été frappé, en regardant ce derwiche, de ce que sa physionomie avait de particulier et que je ne pourrais définir que par un mélange bizarre d'égarement, d'assurance, de candeur et d'effronterie. Il nous était venu saluer de l'air d'un prince qui sait son importance et il n'en avait pas moins accepté l'aumône du commandant de l'air satisfait d'un mendiant qui ne s'attendait pas à pareille aubaine. Je souhaitais de revoir ce curieux personnage, et comme je n'avais jamais vu de derwiche en l'accomplissement de ses fonctions, l'occasion était bonne pour moi de faire connaissance avec cette sorte d'exercices soi-disant religieux.

Je me suis donc rendu vers la tente des spahis, ouverte d'un côté, pour laisser aux spectateurs du dehors la facilité de voir ; — et ils étaient bien une cinquantaine d'Arabes qui avaient profité de la permission. Je les vois encore, graves, silencieux, accroupis sur le sol, avec leurs grands burnous qu'éclairait de reflets rouges ou jaunes la flamme des bougies allumées dans l'intérieur de la tente, contemplant, sans échanger un mot, sans rien laisser voir de leurs impressions, la scène qui se passait à l'intérieur. Une allée avait été laissée entre les spectateurs placés sur deux rangées. J'avais pris place modestement à la suite d'une de ces rangées et m'étais, comme tout le monde, accroupi sur mes genoux pour voir de loin, moi profane, cette scène où je craignais d'apparaître comme un intrus. Mais le fidèle Mohammed, le spahi qui me sert d'ordonnance et qui occupait une place d'honneur sous la tente, me fit bientôt signe d'aller m'asseoir, avec les puissances, dans le sanctuaire même, sur les tapis qui le recouvraient. Je me laissai faire pour mieux jouir du spectacle. Mais comment le décrire?... Nous sommes cinq ou six *personnages*, un frère du caïd, un marchand du Djerid — qui nous accompagne depuis le départ de Khenchela — les spahis et moi, occupant, rangés en cercle, le fond de la tente. Sous nous comme sous le derwiche qui occupe le centre du tableau, sont des tapis de cou leurs accentuées qui rehaussent l'éclat de la solennité et en marquent le caractère sacré. Pour accentuer ce caractère, la plupart des assistants ont ôté leurs sandales, et, mêlés à l'arôme des pipes où l'on fume de la poudre de genévrier, ces pieds nus... mais passons! Devant nous, les bougies, maintenues par leur propre cire et fichées sur un poëlon de zinc renversé. C'est tout le luminaire de céans. Devant le derwiche, — placé, je l'ai dit et comme il convient, au centre du tableau, — sont deux joueurs de flûte ou plutôt de chalumeau, de hautbois rustique, qui ont leur instrument braqué vers la face de l'officiant, et qui sont censés exciter tour à tour ou calmer sa sainte frénésie. L'excitent-ils? la calment-ils? Il serait difficile de le dire. Leur air est assez monotone, et le même air paraît avoir tantôt des effets calmants, tantôt des effets excitants. La vérité est que le derwiche s'excite ou se calme lui-même et que les joueurs de flûte n'exécutent qu'une espèce de sourdine, comme quand, au théâtre, un acteur de mélodrame apparaît, dans un passage pathétique, et par sa mimique encore plus que par ses paroles, est chargé de faire passer un frisson sur tout l'auditoire. Ici les paroles sont de banales cantilènes à Allah et à Mahomet dont le texte, composé de centons du Coran, doit être peu nouveau pour les auditeurs, car en quelques minutes il me semble que j'entends moi-même vingt fois la même litanie. Mais c'est le ton qu'il faudrait entendre, et c'est la mimique surtout qu'il faut voir ! Tout en scandant à satiété ses *Allah illi Allah, Balouchi, Baloucha*, qui sonnent à mes oreilles comme les couplets du *Mamamouchi* dans le *Bourgeois gentilhomme*, mon homme se livre aux contorsions les plus étranges et aux gestes les plus surprenants. Agenouillé en face des deux joueurs de musette, de manière que ses deux oreilles semblent faire l'aboutissant de leurs deux tuyaux, il s'agite, se démène comme la pythonisse antique sur son trépied. Il semble qu'il ait vraiment les *djenoun* ou, comme nous dirions, le diable au corps. Il tremble de tous ses membres, il rugit, il hurle, il se lève, il s'affaisse, il tourne sur lui-même, il roule des yeux épouvantables. Les bons Arabes pensent que c'est le *djinn*, le génie, le δαίμων qui opère. Quand il s'est mis dans cet état qui ressemble à l'épilepsie et qu'on a ceint son front d'une sorte de foulard en guise de couronne, qui doit avoir une vertu particulière, notre homme feint de croire ou tâche de faire croire aux autres qu'il est doué de vertus prophétiques particulières, et le voilà qui, se retournant de ci et de là, touchant le turban de l'un, prenant le genou de l'autre, disperse ses oracles au gré de sa fantaisie. A l'un il promettra, — comme le font dans nos foires de village nos diseuses de bonne aventure, — qu'il fera un héritage dans l'année ou qu'il épousera une belle femme, ou qu'il trouvera un trésor. D'autres sont moins bien partagés dans la dispensation des largesses du derwiche. Cela tient un peu, d'ordinaire, à ce qu'ils auront été eux-mêmes un peu moins larges en desserrant dans la main du derwiche les cordons de leur bourse. Moi, qui ne lui ai pas donné un rouge liard, je ne suis qu'à demi rassuré quand j'entends ce grand fou, se tournant vers moi et roulant ses yeux forcenés qui semblent sortir de leur orbite, prononcer, entre autres mots que je n'entends pas, les mots de *Roumi* et de *Francès* que j'entends assez. Que dit-il? Je suppose qu'il envoie le *Roumi* au diable et le *Francès* en enfer. Quand je m'informe plus tard de ce qu'il a dit à ce moment-là, on me répond (est-ce bien vrai? le geste n'y répondait guère) qu'il a dit que les *Roumi* valaient mieux que les Arabes (au point de vue de la générosité s'entend ; c'était un souvenir de la largesse du commandant et un moyen d'émouvoir ses auditeurs à jalousie), et qu'il a ajouté qu'il fallait respecter les Français et obéir aux autorités. Allons, soit ! j'aurais cru mon bonhomme plus révolutionnaire, et je n'augurais pas tant de bienveillance de ses yeux qui semblaient prêts à me brûler tout vif, et de ses grandes dents blanches qui semblaient vouloir me dévorer tout cru. Ce qui me vexe, c'est que cet animal a dit à mon brave spahi Mohammed, — qui ne laisse pas d'en être ému, — qu'il trouverait sa petite fille morte au retour. Je m'applique de mon mieux à rassurer le brave garçon en lui disant que ce derwiche n'est qu'un méchant fou et que Dieu ne révèle pas ses arrêts par la bouche d'êtres pareils. Je vois bien que j'y perds mon français et que le pauvre spahi est plus impressionné par les contorsions du derwiche que par toutes les bonnes raisons que je puis lui faire entendre. La superstition est bien ancrée chez ces pauvres Arabes, qui croient à la toute puissance de certains marabouts, dont ils baisent dévotement le burnous, les mains, les sandales, à la toute vertu de leurs formules cabalistiques et à la toute efficace de certains talismans, de certains *fathas* qui contiennent des prières appelant une bénédiction particulière. Mais soyons de bon compte ! Quand nous voyons, en France même, tant de *pèlerins* courir à Rome pour baiser la « mule » de ce grand marabout qui s'appelle le pape, ou considérer comme une grande faveur de baiser l'anneau d'un prélat, ou s'agenouiller devant les prêtres pour obtenir d'eux l'absolution de leurs péchés ou des indulgences partielles ou plénières, ou bien encore aller visiter tel ou tel sanctuaire, se couvrant de médailles, de scapulaires et autres amulettes qui portent avec elles une vertu particulière... les Français ont-ils bien le droit de se moquer des Arabes ?...

La halte de Ferkane nous a ramenés au pied des montagnes dont le massif sépare la région des Plateaux de celle du Sahara proprement dit. De Ferkane à Coudiat-el-Maïsa (le Mamelon de la Chèvre), notre étape suivante, nous rentrons dans la région montagneuse, quoique nous eussions pu suivre, au moins jusqu'à Négrine, la halte intermédiaire, le pied des montagnes, dans la plaine saharienne.

Négrine est, comme Ferkane, comme Khanga, comme Keïran, un village de boue sèche bâti à côté d'une oasis où une eau courante, sortie des montagnes, entretient, sur un certain rayon de largeur, — partout où les dérivations de la rivière peuvent s'étendre — une végétation luxuriante de palmiers à dattes, de figuiers, d'oliviers, d'abricotiers, d'amandiers, — de palmiers surtout. Au-dessus du village, considéré comme un point stratégique d'une certaine importance, placé qu'il est aux confins de la Tunisie et du Sahara, on a élevé un petit bordj que garde un lieutenant de chasseurs, et au-dessus du bordj, couronnant une montagne d'une certaine élévation, on a installé dans un fortin (qui servirait de réduit à la défense en cas d'insurrection), un télégraphe optique, lequel communique avec une autre station de télégraphie optique placée au sommet du Djebel Hamar Khadou, la montagne qui domine Biskra. Il est vraiment merveilleux qu'on puisse communiquer à cette distance qui n'est pas de moins de 150 kilomètres, et converser, au moyen de rayons de lumière électrique projetés avec une intensité plus ou moins longue, comme on le fait, en télégraphie ordinaire, au moyen de l'appareil Morse.

Le lieutenant V..., qui commande le poste de Négrine, est un officier des plus aimables, qui égaie sa solitude en collectionnant des fossiles et des objets de l'industrie romaine trouvés dans les ruines qui abondent aux environs. Une autre de ses occupations est, pour le moment, de faire l'instruction du procès d'un indigène qui, sans rime ni raison, et sans provocation aucune, a tiré, ces jours passés, sur un officier pendant qu'il faisait boire son cheval à la fontaine. Le coupable a été saisi et passera devant la justice militaire qui fonctionne seule, au moins en premier ressort, dans cette région de l'Algérie soumise au commandement militaire. L'officier blessé n'a été atteint qu'au bras, et sa blessure, relativement légère, est heureusement en bonne voie de guérison.

Le lieutenant V..., informé de notre arrivée, a voulu absolument nous offrir à déjeuner dans son bordj. A notre tour, nous voudrions pouvoir l'emmener avec nous vers les *chotts* tunisiens, car nous ne pourrions souhaiter un compagnon plus aimable. Mais les devoirs professionnels, à cause surtout de cette tentative d'assassinat dont il fait l'instruction, le retiennent à Négrine, et nous nous séparons de lui à regret, après un pas de conduite qu'il nous fait jusqu'à moitié de l'étape prochaine.

Coudiat-el-Maïsa, dont le nom signifie le Mamelon de la Chèvre, où se fait notre campement du soir, n'a rien qui mérite d'être signalé. C'est une halte en plein champ, car il n'y a pas trace de village à plusieurs kilomètres à la ronde, et ce lieu de campement n'a été choisi que parce qu'il y a là un petit puits avec un filet d'eau. Cette eau est d'ailleurs particulièrement grise et saumâtre et la plus mauvaise que nous ayons bue encore de tout notre voyage.

Le lendemain, nous franchissons la frontière de Tunisie que rien n'indique du reste aujourd'hui, ni borne naturelle, ni cordon de douaniers, ni changement d'uniformes, puisque la Tunisie, comme l'Algérie, est soumise désormais à la domination française.

La présence de Français étant cependant chose plus nouvelle de ce côté tunisien de la frontière que de l'autre, provoque aussi plus de curiosité et d'empressement... dirai-je sympathique? C'est bien difficile à juger, car il semble impossible à l'œil de lire quoi que ce soit sur le visage si délibérément impassible des indigènes de ce pays. A Midâss (écrit Madès sur certaines cartes), le premier village tunisien de ce côté, les autorités du village, parmi lesquels un grand nègre à la face épanouie et franche comme ils ont d'ordinaire, viennent — aussitôt informées de notre arrivée — nous apporter, suivant la coutume, des cadeaux de bienvenue : un régime de dattes, un coffineau plein d'œufs et du lait. Le commandant remercie et décline ces présents, disant que nous avons de quoi nous suffire et que nous ne voulons être à charge à personne. Hélas! malgré cet abandon de nos privilèges, les propriétaires, sur qui cette *diffa* avait été prélevée ne seront, pas, je le crains bien, rentrés dans leurs biens. A peine en effet le commandant avait-il fait connaître son refus qu'une foule de mains et de bouches affamées se jetaient sur le régime de dattes et s'en partageaient les fruits. Je ne sais pas ce qui est advenu du lait. Quant aux œufs, notre supposition unanime a été que le cheikh de Midâs, ne pouvant reconnaître dans tous ces œufs si semblables, lequel était à Ahmed et lequel à Mohammed, aura pris le parti de se les adjuger tous, comme le plus sûr moyen de couper court aux querelles. Si nous avons mal jugé de ce cheikh, qu'il nous pardonne ; mais alors il faudra lui dresser des statues, tant il ferait exception entre les chefs de son peuple.

∗

Le soir nous voyait à Tamerza, petite ville tunisienne sise à quelque distance de Gafsa, sur le lit desséché d'un oued qui — lorsqu'il coule, — roule ses eaux dans la direction du Chott-el-Gharsa, arrosant une oasis assez importante. Mais Tamerza est surtout célèbre par sa *zaouïa*, c'est-à-dire par son école religieuse ou couvent, à la tête de laquelle est un des marabouts les plus célèbres — et les plus riches — de la contrée. Il a nom Si Hafnaoui ben Abdallafid, et c'est le propre frère de Si Lazari, le marabout dont j'ai déjà parlé à propos de Keïran. Nous allons le voir. C'est un homme d'une cinquantaine d'années, teint frais, face large, mine intelligente, l'air d'un fin matois. Il nous offre le café que nous prenons sur une terrasse qui surplombe l'oued desséché. En dedans de la zaouïa, nous entendons les cris nasillards des écoliers qui psalmodient le Coran. Le marabout est vêtu d'un burnous assez sale, mais il paraît — comme notre caïd nous l'explique ensuite, — que pour faire un bon marabout, il faut douze des *qualités* du chien : la malpropreté est l'une d'elles. Là encore, les Arabes n'ont rien inventé, puisque nous avons eu en France le mendiant pouilleux Benoît Labre dont les catholiques ont fait un saint. Au moins Si Hafnaoui, que je sache, n'est pas pouilleux. Tel qu'il est, on considère comme une grande faveur de baiser les pieds ou le burnous *crasseux* du saint homme; et comme il se montre assez rarement, même dans sa mosquée, à la foule enthousiaste, on nous sait presque gré de l'avoir fait sortir de sa retraite et mis en contact avec la population qui vénère sa sainteté. On vient le voir et lui apporter des présents de plusieurs lieues à la ronde, tant d'Algérie que de Tunisie. L'un des frères du caïd Belkassem a, de l'ordre de sa mère, amené une mule toute chargée de cadeaux pour le saint personnage. Il accepte ces présents, mais a la discrétion de refuser les cadeaux dont les spahis de notre escorte voulaient le gratifier à qui mieux mieux. Tous ces pauvres gens ont l'idée qu'ils se rendent Dieu propice en comblant ce prêtre de leurs largesses. Que fait-il de tout cet argent qu'on lui apporte de toutes parts? Mystère, car il n'en va point aux malades ni aux pauvres. L'homme est d'ailleurs intelligent, je l'ai dit, et très capable de faire des réponses pleines de sens à ceux qui le consultent. Le marchand du Djerid qui nous accompagne est allé lui demander un *fatha*, c'est-à-dire une formule de prière valant bénédiction pour celui qui la reçoit. « — As-tu encore ton père? lui demande le marabout. — Oui — Eh bien! suis ses conseils et lui obéis, et sa bénédiction te vaudra mieux que la mienne. » C'était fort bien dit. Ce qui n'a pas empêché le marchand du Djerid de revenir assez penaud, regrettant de n'avoir pas eu son *fatha*.

VIᵉ LETTRE

Un palais du Bey. — Se défier du mirage. — La ville de Tôzer. — De loin, c'est quelque chose et de près... — Malpropreté et insalubrité. — Le plus pressé : couper court aux brigandages. — Un souvenir de P.-L. Courier. — Les Hammamas. — Une attaque nocturne. — Tout s'explique. — De Chebika à El Hamma. — L'impression d'un chott. — Encore le mirage !

Tôzer, le 19 mars 1887.

J'écris cette lettre avec un *calam* (roseau taillé à la mode arabe) sous les lambris d'un palais beylical. C'est en effet au Dàr-el-Bey, ou maison du Bey, qui est l'édifice principal de la ville de Tôzer, chef-lieu de l'Outan-el-Djerid, que l'officier qui l'occupe au nom de la France, le lieutenant Le B..., nous a contraints d'accepter l'hospitalité. Tout palais qu'il soit, ce n'est pas à dire que cet édifice soit fort remarquable par la splendeur ni surtout par le comfort. C'est une grande maison mauresque disposée, comme toutes les bonnes maisons bourgeoises de ce pays-ci, autour d'une cour centrale quadrangulaire que décore une rangée d'arcades d'ailleurs fort simples. L'édifice, blanchi (autrefois) à la chaux, ce qui est son principal luxe, aurait d'ailleurs grand besoin de réparation et, tel qu'il est, semble menacer ruine. Il faut ici, comme dans le désert, se défier du mirage, qui, de loin, grossit et idéalise à l'extrême des objets qui, de près, paraissent fort communs ou même piètres.

Ainsi l'avons-nous éprouvé pour cette ville même de Tôzer que certaines descriptions nous faisaient considérer comme une perle du désert, comme une sorte de grande capitale, au sein de la plus magnifique des oasis. A vrai dire, la première vue que nous en avons prise, du haut de la croupe de terrain qui sépare cette ville de l'oasis d'El-Hamma, n'avait pas trop déçu notre attente. La ville se présentait admirablement, en avant de sa vaste palmeraie, la plus étendue que j'aie vue encore, avec ses minarets nombreux, ses toits de *Koubas*, et ses maisons de brique grise où l'on retrouve encore des vestiges de cet art architectural qui a rendu célèbre l'Alhambra et tant d'autres monuments de construction moresque, mais c'est le cas de dire, comme dans la fable des *Bâtons flottant sur l'onde :*

De loin, c'est quelque chose et de près, ce n'est rien.

Vue de près, la ville est, en effet, plus encore que la « Maison du Bey » où nous sommes logés, un amas de masures menaçant ruine. Il y a une certaine animation sur le marché central (où l'on vend surtout, en fait de produits européens, des bougies et des allumettes) ainsi que dans les rues adjacentes, et l'on sait que la ville est relativement assez industrieuse et commerçante. C'est surtout la fabrication des burnous (il est vrai qu'un grand nombre sont fabriqués à Lyon) qui alimente ce commerce. Mais les rues sont étroites et sales, pleines de détritus organiques et inorganiques de toute sorte, car jamais l'édilité locale ne les a fait nettoyer, et ce sont ces détritus exhaussant incessamment le sol des places et des rues, qui remplacent les pavés absents. On conçoit que cette absence des soins de propreté les plus élémentaires doive choquer l'Européen qui arrive ici pour la première fois, et il est évident que la santé publique doit s'en ressentir ! Que serait-ce si, au lieu de ce soleil ardent qui, en séchant tout, assainit tout, il y avait ici les alternatives de chaleur et de pluie qui amènent la décomposition des matières organiques ? Que de maladies et de pestes y seraient engendrées ! En fait, la misère physique des habitants de ces villes tunisiennes est déjà extrême. On rencontre, presque à chaque pas, des aveugles ou des borgnes. Les enfants eux-mêmes ont les yeux rouges et rongés par la chassie et par les mouches. Pauvres êtres ! Et qu'on aimerait pouvoir les secourir !

L'autorité française en Tunisie n'est pas d'ailleurs assez fortement organisée encore (au moins en cette partie de la Tunisie), pour pouvoir régler comme il conviendrait ces détails de voirie et pourvoir aux soins de la salubrité publique. Cela viendra sans doute à son heure, quoique il faille s'attendre — tant sont grands l'inertie et l'esprit de routine des indigènes ! — à bien des résistances passives le jour où on implantera ces réformes inspirées cependant par la préoccupation de leur intérêt et de leur bien-être.

*
* *

En attendant, il a fallu aviser au plus pressé, et le plus pressé dans cette région de la Tunisie où nous sommes depuis quelques jours, c'était d'assurer la sécurité publique en réprimant le vol et le brigandage qui étaient devenus des institutions locales, pour ne pas dire nationales.

Ce chemin, que nous venons de parcourir de Midàs ici, — sous bonne escorte, il est vrai, et plus que suffisante pour nous permettre de dormir sur nos deux oreilles, sous le simple abri de nos tentes, — d'honnêtes voyageurs ne l'eussent pas pu faire, il y a quelques années, sans risquer d'être assassinés ou à tout le moins dépouillés dix fois pour une. La tribu des Hammamas, Arabes nomades qui habitent cette région limitrophe des chotts tunisiens, s'était fait une véritable spécialité de ce genre de méfaits, et s'était acquis dans ce genre une redoutable célébrité. Voici ce qu'en écrivait, en 1881, le célèbre voyageur Duveyrier :

« A quelques pas de la lisière des oasis du Djerid, la sécurité fait défaut ; personne ne peut plus compter sur la vie. Aussi bien l'habitant que ses affaires appellent d'un centre au centre voisin, que le voyageur qui doit s'engager sur le Chott-el-Djerid, chacun est exposé à se voir dévalisé ou tué par les brigands de la tribu des Hamammas. Il est rare que ceux-ci n'aient pas des vedettes placées sur la crête du Djebel Chàreb, tandis que cachés eux-mêmes dans les profonds ravins de cette chaîne ils n'attendent que le signal pour sauter en selle et fondre sur la proie que le ciel leur envoie. »

Quand je dis que nous avons pu dormir sur nos deux oreilles en traversant une contrée mal famée, il convient de faire une réserve et de noter ici un incident de couleur... tragique... qui, pendant la nuit du 16 au 17 — je précise, — m'a fait tenir l'oreille au guet, et aurait pu amener dans notre camp une alerte générale. Mais il me faudrait la plume de Paul-Louis Courier, dans ses lettres de la Calabre, pour décrire comme il faut ce mémorable incident.

Il faut dire que la journée précédente avait été orageuse et marquée de présages funestes. Pour nous rendre de Tamerza — la résidence du marabout dont j'ai parlé dans ma dernière lettre, — à Chebika où devait être notre étape, nous avions dû passer par des gorges affreuses dans les défilés de ce Djebel Chàreb d'où les brigands Hammâma ont

coutume de guetter leur proie. Un seul faux pas
de nos chevaux sur une de ces roches glissantes
entre d'autres roches qu'il faut contourner et où
le sentier, qui serpente sans cesse, a tout juste
quelquefois la largeur du pas du cheval, eût pu
nous projeter en avant et nous briser la tête sur
ces quartiers de rocs. Bel endroit pour une em-
buscade si les Hammama se hasardaient à reprendre leur métier de coupeurs de route !

Arrivés pourtant sans accident ni attaque à
main armée au lieu de notre campement — un
tout petit amas de cahuttes de terre — beau repaire
aussi pour des malfaiteurs ! — caché dans un repli
de la montagne, au bord d'une insignifiante oasis,
— nous sommes attaqués bientôt par un ennemi
que nous n'attendions pas et dont, pour mon
compte, j'allais éprouver la violence pour la première fois.

Un nuage de poussière à l'horizon, vers l'occi-
dent, le signale de loin à l'attention de nos voyageurs expérimentés. C'est le *sirocco*, le terrible
vent du désert. Il souffle dans notre direction et
tout à l'heure va obscurcir notre beau ciel bleu,
apportant avec lui son nuage de poussière brû-

lante et de sable impalpable. Impalpable lui-même, cet ennemi dévaste tout sur son passage, car il suffit quelquefois, comme on sait, d'un coup de ce vent redoutable pour coucher à terre les moissons de toute une province et ruiner pour une année les espérances du laboureur. Nous avions ici à l'affronter dans toute sa rigueur, car il nous arrivait directement du désert, fauve et brûlant comme le désert lui-même, et aucune barrière de montagne, aucune verdure d'oasis, aucune forêt de palmiers ou de chênes verts n'avait eu le temps d'amortir ses coups. L'effet en fut extraordinaire, en effet, et presque instantané. Heureux du moins que ce vent nous ait pris quand nous étions déjà campés et que nos tentes étaient déployées, car qu'eût-ce été s'il nous eût surpris en marche au cours d'une de ces longues étapes que nous avons faites quelquefois au milieu de plaines sablonneuses et sans eau, comme celle qui nous a conduits le lendemain, par exemple, de Chebika à El Hamma, où l'on ne trouve pas une masure, pas un arbre, pas une flaque d'eau, sur une espace de 50 kilomètres? Là, du moins, arrêtés, tranquilles, ayant le refuge de nos tentes et de l'eau à discrétion, nous étions dans la meilleure position pour subir la bourrasque et laisser passer le temps.

Et cependant, je nous vois encore, pendant tout cette soirée du 16, languissants, étendus sur nos lits sans force et sans entrain — car le sirocco influe sur le moral autant que sur le physique, — essayant sans y parvenir de réagir contre ces influences atmosphériques, aspirant le sable par tous les pores de nos bronches, car la toile de nos tentes n'empêchait pas la poussière cristallisée de s'insinuer partout, poussée par ce vent dans nos lits, dans l'eau de nos brocs et dans tout cet air chaud que nous respirions. Nos pauvres bêtes, cependant, plus malheureuses encore que nous — chevaux, mulets, chiens, — haletaient, reniflaient, bâillaient, tiraient la langue. Seuls quelques chameaux d'une caravane voisine, en vrais enfants du désert, tournaient le dos à l'ouragan et ruminaient philosophiquement les touffes d'herbes qu'ils avaient broutées quelques heures auparavant.

Le soir, quand on se groupa pour le repas, l'appétit manqua et la conversation fut languissante. Nous étions tous plus ou moins de maussade humeur, quoique luttant pour n'en rien laisser voir paraître

Les mâts de ma tente s'étaient brisés dans les rochers du Chàreb. J'avais cassé le verre de ma montre ; on avait trouvé un scorpion sous ma tente ; autant de présages funestes !... On parla des Hammamas, de leurs brigandages, de leur hostilité à la domination française, des *razzias* qu'ils avaient souvent opérées sur les troupeaux des tribus voisines et des vols à main armée qu'ils exécutaient chez les voyageurs signalés à leur intention. Les spahis de notre escorte reçurent l'ordre d'organiser une garde de nuit et de se relever d'heure en heure pour empêcher ces malfaiteurs de venir dans la nuit rôder autour de nous et nous enlever nos chevaux, car on nous jugeait trop forts ou on les jugeait trop peu hardis pour qu'ils s'attaquassent à nos personnes...

Or, dans la nuit, nuit sans lune, nuit noire — quelle heure pouvait-il être ? minuit, deux heures, l'heure des crimes — pendant que le vent soufflait toujours avec acharnement et secouait, avec un bruit de tonnerres lointains, les palmiers de l'oasis voisine — ces palmiers si propices à cette heure pour couvrir les desseins de maraudeurs qui pouvaient se cacher là, en attendant de se glisser sous nos tentes!... je vis, réveillé en sursaut par ces bruits de l'ouragan ou par je ne sais quel pressentiment du danger, je vis distinctement une forme noire se glisser prestement dans ma tente en écartant les cordes qui en rejoignaient les pavillons. Après la vision rapide de cette forme sombre que l'écart des pavillons m'avait permis de saisir sous le peu de clarté que donnait le ciel au dehors, tout rentra dans l'obscurité ; mais alors j'entendis clairement du bruit à côté de mon lit même, comme si quelqu'un s'y refugiait. Puis silence. La pensée d'un Hammama s'introduisant de cette façon sous ma tente pour me dévaliser, qui sait? pour m'égorger pendant mon sommeil, s'imposait trop naturellement à mon esprit pour que je pusse l'en chasser...

Que faire ? Allumer ma bougie était tout indiqué, mais justement ma boîte d'allumettes était vide. Appeler ? mais j'aurais mis le camp tout sens dessus dessous et peut-être pour un résultat ridicule. Je pris le parti d'attendre et d'observer. Cependant, j'entendais toujours le vent qui secouait avec force les toiles de ma tente et produisait sur les garnitures du bas, insuffisamment tenues par des pierres, des froufrous assez singuliers, où j'aurais pu voir, avec un peu d'imagination, des bras d'Hammamas se tendant pour recevoir le butin que mon ombre noire leur transmettait de l'intérieur. Un peu de réflexion cependant sur la mince valeur de mon bagage et sur le risque que les Hammamas courraient à s'introduire de nuit dans un camp bien gardé calma mes alarmes, et, le besoin de sommeil aidant, je me rendormis, à la grâce de Dieu, sans plus me préoccuper de mes brigands...

Le lendemain, en me réveillant à l'aube, j'eus l'explication de mon apparition nocturne. Comme les poteaux de ma tente, ainsi que je l'ai dit, s'étaient brisés dans la journée, on m'avait installé dans une des tentes du commandant et on avait mis devant mon lit, pour descente de lit, une peau de mouton. Or, sur cette peau, je trouvai couché au matin, Castor, le chien du commandant, habitué à faire son lit de cette toison et qui, l'ayant flairée dans ma tente, s'y était introduit dans la nuit de la façon que j'ai dite et dormait là du sommeil de l'innocence, sans se douter des émotions que sa brusque invasion m'avait causées.

Brave Castor ! J'avais rêvé d'assaillant, et c'était un gardien qui me venait !

**

Le lendemain, bien remis de ces émotions, je repris avec mes compagnons de route le chemin du Djerid, en nous dirigeant vers El Hamma, la première des grandes oasis de cette partie de la Tunisie, sise entre le Chott-el-Gharsa et le Chott-el-Djerid. J'ai déjà dit la longueur de cette route en un pays absolument plat et dénué de végétation. Heureusement, le sirocco était tombé, et à sa place, une douce brise, soufflant du sud-est, nous apportait la fraîcheur de la Méditerranée mélangée des senteurs salines dont elle s'était chargée en passant sur les chotts. Ce fut donc, au moins pendant l'étape du matin, une journée délicieuse. L'après-midi seulement, à cause de la chaleur déjà lourde, l'étape me parut bien longue. Nous touchâmes au Chott-el-Gharsa et même nous passâmes dedans, ce qui ne laissa pas de m'étonner, car de loin, ce chott m'avait fait l'effet d'une mer ou tout au moins d'un grand lac, et je ne soupçonnais pas qu'il pût y avoir là, du moins, un effet de mirage.

Hélas ! encore une illusion de perdue ! Le chott

n'avait pas une goutte d'eau, au moins dans la partie que nous en traversions, car on prétend qu'il existe, au centre au moins du Chott-el-Djerid une nappe d'eau permanente, mais cette nappe liquide ne se voit point. « Elle est recouverte, nous dit M. Elisée Reclus, d'une croûte saline qui a fait comparer le lac par les auteurs arabes à une feuille d'argent, à un lac de cristal, à un lit de camphre, et sur laquelle les pas résonnent comme sur les pierres d'une voûte. » Quoique j'eusse lu ces détails, involontairement je cherchais toujours devant moi quelque chose qui ressemblât à une mer, avec un rivage, avec des eaux stagnantes, au moins cristallisées. — Mais où donc est le chott? m'écriai-je enfin, lassé de n'arriver jamais à ses bords ? — Eh quoi ! vous marchez dessus depuis un quart-d'heure, me répondit-on. — Quoi ! cette terre nue, parsemée çà et là de bavures salines de couleur blanche?... — Mais oui, c'est le chott. Qu'attendiez-vous donc ?... — Je ne sais pas. J'attendais autre chose. O mirage !...

J'aurais bien des choses à dire encore sur les chotts et sur El Hamma, et sur Tôzer, et sur ces magnifiques oasis du Djerid. Mais ma lettre est déjà longue, et les Hammama m'ont entraîné plus loin que je ne pensais. Je réserverai donc ces détails pour une prochaine lettre dans laquelle il sera aussi question de Nefta, la prochaine oasis que nous allons maintenant visiter avant d'entrer dans le Souf, la région de l'Erg, la région des dunes, où le Sahara se montre, me dit-on, dans toute sa mirifique horreur. Ne sera-ce pas encore un mirage?

VIIᵉ LETTRE

Il pleut. — Les chotts après la pluie. — La Mer Intérieure. — Est-elle faisable. — Un projet mort-né. — Les vrais besoins des Djeridiens. — L'ensablement des oasis. — Beauté de ces serres naturelles. — Ce que vaut un palmier au Djerid — Encore le fatalisme musulman ! — Une défense entreprise. — Les bienfaits du protectorat français en Tunisie. — Abus subsistants. — Ce qui reste à faire.

Nefta, le 21 mars 1887.

J'ai promis de revenir sur cette région du *Djerid* et des *Chotts* que nous traversons en ce moment, et en vérité, il en vaut la peine, car on ne peut guère trouver de région plus intéressante, ni plus belle de beautés toutes particulières. Justement la pluie qui a tombé à profusion toute la journée d'hier et toute cette nuit, ayant inondé les chotts assez pour en rendre le passage impraticable et dangereux, nous avons décidé de séjourner ici, dans notre campement de Nefta, vingt-quatre heures de plus que nous ne pensions, et j'utilise ce séjour pour écrire cette correspondance.

Si l'immense nappe d'eau que j'aperçois ce matin dans la direction de l'Orient depuis que la pluie a cessé et que le soleil s'est montré, avait autant de réalité et de profondeur qu'elle a d'apparence, il n'y aurait pas à parler de faire une mer intérieure. Cette mer serait faite. Mais on m'assure que demain, dans quelques heures peut-être, il ne restera plus rien, ou autant dire, de cette nappe d'eau. L'eau ne doit guère tenir, en effet, dans un bassin de sables tassés, d'argile et de sels agglomérés que nous avons déjà vu en venant de Chebika à El-Hamma et qui est superposé, dit-on, à un autre lac souterrain où ne manquent pas les fissures. La dalle saline qui forme *la cuvette du chott*, se distingue à peine du sol environnant par l'absence de végétation et par les minces lames argentées déposées par l'écume saline qu'y laisse l'évaporation ou l'absorption des eaux, et l'on sait que cette dalle, solide quoique reposant sur un vide est, sur la plupart de ses points, assez compacte pour porter des caravanes.

**

En dépit des apparences, la Mer intérieure n'est donc pas faite ; elle est tout entière à faire. Mais la fera-t-on ? Ce n'est guère probable. On sait tout le bruit qui a été fait autour de ce projet de creusement d'une mer saharienne. Le nom du regretté colonel Roudaire demeurera attaché à ce projet, et justement, car c'est lui qui a fait tous les travaux de nivellement qui ont permis de savoir à quoi s'en tenir sur l'assiette de cette région et sur la véritable élévation de ses terrains, rapportée au niveau des eaux de la Méditerranée.

Avant que ces travaux géoplastiques ne fussent faits, l'idée était très répandue dans le public non seulement que la plus grande partie de la région saharienne au nord de l'Equateur avait été, à une époque géologique relativement récente, couverte par la mer — plusieurs passages d'écrivains anciens, Homère, Hérodote, Diodore, Pline, Strabon, etc., autorisaient même l'hypothèse que l'existence de cette mer aurait été dans le rayon d'atteinte des traditions humaines — mais encore qu'une grande partie de cette région était au-dessous du niveau de la mer. Si cette supposition avait été vérifiée, et s'il n'y avait eu qu'un canal à percer pour rétablir dans ce qu'on considère en Europe

— d'ailleurs à tort — comme une immense lande sablonneuse et stérile à peine parcourue par quelques brigands touaregs, une nouvelle Méditerranée avec des ports sur ses rivages, servant d'intermédiaire aux populations de son littoral et portant partout la fécondité et la vie, on comprend ce qu'un pareil projet de percement de canal, en le supposant praticable, aurait eu de grandiose. Encore aurait-il fallu, dans cette hypothèse, indemniser, et ce n'eût pas été facile, toutes les populations des oasis, tous les nomades du désert, dont on eût inondé les terres et ravi les moyens d'existence.

Que si l'aire du Sahara inondable était beaucoup plus restreinte — ainsi qu'on a pu constater qu'elle l'était, à la suite des travaux de nivellement qui ont permis d'établir que la plus grande partie du « Grand Désert » dépassait de quelques cents mètres le niveau de la Méditerranée et de l'Océan, — et si la question de la « Mer Intérieure » se réduisait à remplir d'eau marine le lit des chotts aujourd'hui desséchés, le projet devenait sans doute plus praticable, mais alors valait-il la peine d'être exécuté ? Si encore tout le système des chotts, depuis l'extrémité orientale du Chott-el-

Fedjedj non loin de Gabès jusqu'aux derniers fonds du Chott Melghir, à quelque distance de Biskra, avait été susceptible de recevoir l'eau de la mer, en sorte qu'on n'eût eu qu'à couper le « seuil de Gabès » sur une étendue de quelques lieues, pour constituer tout à coup une petite Méditerranée saharienne de trois cent cinquante kilomètres de développement, l'entreprise, en cas pareil, eût peut-être valu d'être tentée, en admettant là encore l'absence de tout préjudice pour les riverains ou le principe d'une indemnité suffisante pour ceux qui auraient été lésés.

***

Mais ce n'est pas ainsi que les choses se présentent. Non seulement le « seuil de Gabès » qu'on pensait être de simples dunes de sable amoncelées et qui se trouve avoir, comme l'a reconnu M. Fuchs, une ossature de grés et de calcaires — qu'il ne serait point encore si aisé de trancher — non seulement, dis-je, ce seuil dépasse le niveau de la mer d'une hauteur de cent mètres en moyenne, mais encore le Chott-el-Fedjedj et le Chott-el-Djerid, les deux plus importants du système, sont eux-mêmes de plusieurs mètres (de quinze à vingt-six) au-dessus du niveau marin, et l'isthme du Djerid qui sépare ces deux chotts de celui d'El-Gharsa a lui-même plus de quatre-vingt-dix mètres d'élévation. C'est au-delà seulement de cet isthme — *à cent soixante-treize kilomètres de la mer* — que se trouvent les dépressions qui permettraient d'introduire dans les chotts Gharsa et Melghir et dans une certaine étendue de terres avoisinantes, les eaux de la Méditerranée. Ainsi cent soixante-treize kilomètres d'un canal maritime à creuser pour remplir d'eau marine deux chotts vaseux qui n'ont guère eux-mêmes et entre eux deux plus de cent soixante-treize kilomètres d'étendue, c'est bien le cas de dire que le jeu n'en vaudrait pas la chandelle.

Quel que soit le chagrin que puisse en concevoir mon collaborateur et ami, M. Léon Bigot, dont je me rappelle encore les articles enthousiastes en faveur du projet Roudaire, je suis forcé de lui dire, après ce que j'ai vu des lieux et ce que je sais maintenant des rivages que cette future « mer intérieure » mettrait en communication, que ce fameux projet est mort-né. Je m'explique fort bien que la commission qui a été constituée à Paris, il y a deux ou trois ans, si mes souvenirs me servent bien, pour se prononcer sur ce projet, ait donné à l'unanimité un avis défavorable.

Les avantages qu'on faisait valoir en faveur de cette mer intérieure qui devait, dans l'imagination de ses créateurs, « changer le climat des contrées voisines, en formant des amas de nuage sur les montagnes pelées de l'Aurès, en accroissant la proportion des pluies, en emplissant d'une manière permanente les lits des *oueds* aujourd'hui desséchés, en suscitant du sol des sources qui n'existent plus », ces avantages étaient fort contestables et problématiques. La Provence est bien située au bord d'une mer autrement plus large que n'eut été la mer de M. Roudaire et n'en est pas beaucoup plus arrosée pour cela.

Et puis s'imagine-t-on cette mer sans un seul port, ou ces ports à établir en pleine région du Sahara, là où ne pousse pas un arbre, où on trouve à peine de loin en loin quelques brins d'herbe et où il faut marcher tout un jour pour atteindre un puits d'eau saumâtre !

Et, en admettant même que le canal maritime ne s'ensablât pas et que la « Mer intérieure » ne s'asséchât pas, au bout de quelque temps, — comme s'est asséché déjà le « *Palus Tritonis* » qui a dû être, lui aussi, aux temps anciens, une mer intérieure, s'il est vrai que le vaisseau *Argo* s'y soit trouvé engagé par les vents et ait eu même beaucoup de peine à s'en tirer, à quel commerce, à quels échanges servirait-elle ? Pour les quelques dattes du Djerid qui s'exportent à Gabès ou à Tebessa et de là en Europe, les quelques caravanes de chameaux qu'on organise de temps en temps suffisent amplement, et il n'est pas dit que si une voie maritime venait jusqu'à eux, les placides et routiniers marchands du Djerid voulussent confier leurs fruits aux fureurs de Neptune. Une fois par an peut-être, un navire partant de *Port-Roudaire* (?) pour la Mecque aurait chance d'y emmener une cargaison de pèlerins. Mais ce ne serait pas suffisant pour légitimer la dépense des millions et des millions qu'il faudrait enfouir dans ce canal maritime de 173 kilomètres pour le creuser et le faire aboutir à ce cul-de-sac d'une mer et d'un port sis en plein désert !

En vérité, — sans parler des inquiétudes et des protestations des indigènes qui commençaient déjà à se faire jour et qui eussent pris une bien autre proportion si le projet avait pris plus de consistance — c'était une pure fantasmagorie — pour ne pas dire une « fumisterie » — que ce projet de mer intérieure, et je ne suis pas étonné d'apprendre que Roudaire, qui était un homme intelligent, fût le premier à n'y pas croire et à l'avouer dans le cercle de ses intimes. Il avait trouvé ce moyen de faire du bruit autour de son nom, et d'ailleurs, quelque chimérique que fût son projet, il a été pour lui l'occasion de faire des travaux de nivellement des plus intéressants et dont la science géographique a profité. Mais sachons bien que c'est tout ce qui restera de son œuvre et n'entretenons plus, comme maintes gens le font encore en France, sur la foi de vieux articles de journaux, l'idée d'aller un jour par mer de Marseille aux oasis du Djerid. On se moquerait de nous.

Ce dont les Djeridiens auraient plus besoin que d'une mer intérieure, plus même que de bonnes routes, — quoique celles-ci dussent constituer pour eux, quoiqu'ils ne s'en doutent guère, un sérieux avantage, — c'est d'abord d'un peu de propreté dans leurs villes; — j'ai déjà parlé de l'état de Tôzer, que j'avais vu par un très beau temps de soleil; qu'eussé-je écrit de Nefta, que j'ai vue après une averse de pluie qui avait transformé toutes ses ruelles et places en autant de bourbiers et de cloaques immondes, où grouillaient un tas de pauvres enfants en loques et à demi-nus ?... C'est ensuite de bonnes routes, car ils n'ont eux aussi que des « pistes arabes ». C'est enfin, et surtout, — car ici il s'agit de leur existence même, — d'une protection contre l'ensablement de leurs oasis menacées d'être envahies par la poussée constante des dunes environnantes.

A ce point de vue, l'oasis d'El Hamma, la première que j'ai vue dans la région du Djerid, semble la plus menacée, et ses habitants mêmes ont semblé prendre leur parti de la voir disparaître et de disparaître avec elle, dans un certain nombre d'années d'ici. Le fait est que la mer de sables dont elle est entourée pousse contre elle de toutes parts ses flots envahissants et circonscrit d'année en année son aire cultivable.

A Tôzer, comme ici, à Nefta, le péril est peut-être un peu moins imminent, mais on le sent venir cependant. Même les sources qui fournissent, ici comme à Tôzer, un débit d'eaux abondantes, avec lesquelles on arrose les jardins de l'oasis, s'ensablent et pourraient bien se tarir un jour. J'ai vu, sur plus d'un point, en faisant le tour de la ville, des jardins abandonnés sous la menace de l'approche du sable, où quelques vieux palmiers isolés restaient seuls comme des vestiges de la végétation disparue.

***

Et quelle végétation cependant que celle de ces oasis et quelle puissance de vie elle semble recéler ! En ce moment surtout de l'année, qui est le floréal de cette région, rien, non rien ne peut donner, pour qui ne les a pas vus, une idée de ces jardins de Nefta. L'Eden où l'homme habitait avant sa chute pouvait-il être plus beau ? Le paradis de Dieu où nous retrouverons, après le dépouillement de notre enveloppe terrestre, tous nos bien-aimés qui sont morts dans le Seigneur, pourra-t-il nous offrir des tableaux plus riants et plus enchanteurs ? Sous ce ciel d'un azur si pur le vert des palmiers paraît fade à côté du vert éclatant des amandiers, des abricotiers, des figuiers, des jujubiers, des orangers et des citronniers qui forment sous-bois au-dessous des colonnes magistrales de ces palmiers superbes. Et quand toute cette verdure est étoilée des fleurs roses du pêcher au coloris si intense, quand les fleurs des orangers s'ouvrent, embaumant l'air de leur parfum si suave, quand déjà les fruits de l'amandier et de l'abricotier sont formés, quand dans ces jardins qu'on croirait plantés par des fées pour des khalifes d'Orient, voltigent et chantent les oiseaux de ces climats, le petit *Bou-Hibibi* familier, dont le chant rappelle notre rossignol, et le *Soultan-el-Zeïr* au beau plumage qui rappelle celui des perruches et qui justifie assez son nom de « sultan des oiseaux » — au milieu de cette flore parfumée et harmonieuse, les sens s'extasient et l'admiration manque de formules. On redit avec le chantre des Alpes :

> Heureux qui dans ces lieux peut longtemps s'arrêter !
> Heureux qui les revoit s'il a pu les quitter !

Mais ces vergers féériques ne sont pas seulement — comme il semblerait à nous qui ne voyons guère que dans les serres et les orangeries des spécimens étiolés de cette flore — des jardins d'agrément destinés au plaisir des yeux. Ce sont surtout des jardins de rapport, et de bon rapport.

Le palmier-dattier surtout, l'arbre-roi du désert, est une richesse pour celui qui le possède. Qu'on songe qu'en certaines oasis, et notamment dans celle du *Djerid*, — le nom même de *Djerid* signifie : la *Palmeraie* ; c'est donc par excellence le pays des palmiers — la valeur de ces arbres précieux s'élève jusqu'à 800 francs par palmier. Un homme qui en possède quelques centaines sur une étendue de moins d'un hectare est donc, pour le pays surtout, un homme colossalement riche. La seule oasis de Nefta, d'après M. Duveyrier, a 500 hectares environ et renferme 240,000 palmiers-dattiers, sans compter les orangers, les citronniers, les limoniers, les figuiers, les pêchers, les jujubiers, etc., qui ajoutent au charme et au rapport de ses jardins. Et c'est une culture qui donne peu de peine. On n'a guère qu'à entretenir les *seguias* qui apportent l'eau bienfaisante à une température presque thermale, des sources voisines au pied de ces arbres à qui il faut « le pieds dans l'eau et la tête dans le feu. » Les oasis du Djerid, comme le remarque encore M. Duveyrier, sont de vraies serres naturelles, à ciel ouvert, irriguées avec de l'eau tiède, dernière condition que ne réalisent ni les oasis de l'Algérie, ni celles de la Tripolitaine et du Maroc. Aussi nulle part ne trouve-t-on rien de comparable aux superbes et délicieuses variétés de dattes de ces oasis. C'est ici que se cueillent les régimes de ces « *deglet-nour* » ou « dattes-lumières », appelées ainsi à cause de la transparence de la chair et qui faisaient, qui font sans doute encore, l'ornement de la table du bey de Tunis.

Conçoit-on, dans ces conditions, une inertie plus criante et une apathie plus scandaleuse que celle de ces Djeridiens qui laissent, presque sans lutter, le sable du désert envahir de si riches domaines et en rétrécir chaque année l'étendue ! Au moins dans les oasis du Souf, où les dunes menaçaient aussi de tout envahir, les indigènes luttent un peu, par des moyens bien primitifs, il est vrai, et on peut y voir les garçons de cultures, les *Khammès*, employés à remonter dans des hottes le sable que le vent a poussé dans leurs jardins. Ici rien de pareil, à ce qu'il m'a semblé. C'est toujours le fruit de ce funeste fatalisme qui, oubliant que Dieu a donné à l'homme la loi du travail et de la lutte contre les forces de la nature, met sur le compte du Tout-Puissant les résultats de l'incurie ou de la paresse humaine. « La dune avance, le sable m'envahit. C'est Allah qui le permet ; c'est lui qui l'ordonne. C'était écrit. » On se croise les bras et l'on assiste, attristé peut-être, mais inerte, à la perte de son domaine et à cet envahissement du désert qu'on aurait pu conjurer avec un peu de courage et d'efforts.

On le peut si bien, en effet, quand on veut s'en donner la peine, qu'un certain nombre d'agents de notre administration forestière française vont être mis à l'œuvre avec cette mission d'empêcher l'ensablement des oasis et d'arrêter ou de détourner le progrès des dunes de sable qui les enfouiraient bientôt, avec le *far niente* des indigènes. Le procédé sera sensiblement le même que celui qui a été employé dans les Landes pour arrêter la marche en avant de l'Océan. Avec des palissades plantées dans le sable sur la lisière des oasis, on fera une barrière où le sable viendra s'accumuler et formera à la longue une sorte de dune qui circonscrira l'oasis. Cette dune, consolidée au moyen de semis de plantes et d'arbrisseaux qui en tasseront et en gazonneront les parties, formera à son tour une barrière assez haute pour arrêter et détourner au large le courant incessant des sables. Ainsi les oasis, on peut l'espérer, seront sauvées du naufrage.

Les habitants du Djerid qui doivent déjà à la France le bénéfice d'une sécurité toute nouvelle dans leur histoire — car naguère encore, quand leurs dattes étaient mûres, c'étaient les Hammàma qui venaient les cueillir et sans qu'on osât les en empêcher — lui devront encore ce bienfait de la conservation de leurs oasis, c'est-à-dire, en somme, de leur propre conservation, car sans leurs oasis, que deviendraient les villes et leurs habitants? La seule ville de Nefta possède une population d'environ 10,000 âmes Tous sans doute ne sont pas adonnés à la culture de l'oasis; il suffit même, je l'ai dit, de quelques *Khammès* pour l'entretien de ces riches jardins. La plupart des Djeridiens vivent donc d'une petite industrie; ils tissent la soie ou la laine, font des *haïks* célèbres, comme à Nefta, ou des *burnous* renommés, comme à Tôzer, et ils ont le genre de commerce que comporte cette industrie locale. J'ai vu aussi quelques-uns de ces artisans dont les métiers sont indispensables aux civilisations les plus primitives : des forgerons, des potiers pétrissant l'argile et la mettant au four avec les procédés qu'on employait au temps de saint Paul ou du roi David. Mais tous ces gens de métiers et d'autres encore — sans parler des marabouts et des moines mendiants qui pullulent dans les *zaouïa* nombreuses de toutes ces petites villes — vivent pourtant, eux aussi, quoique indirectement, de l'oasis. Car ce sont les propriétaires de ces riches domaines — comme celui qui nous a invités tantôt à visiter son jardin plein de palmiers et d'orangers en fleurs, et nous a offert ensuite le café dans sa maison, l'une des plus belles de la ville, incomparablement moins belle cependant que son jardin — ce sont eux qui achètent ces *haïks* de soie et ces gandouras de couleur qu'on met sous le burnous, et ces selles dorées à six ou sept rangs de tapis, et tant d'autres produits de l'industrie du pays. Le jour où l'oasis ne serait plus là avec ses dattiers superbes et ses « pommes d'or » énormes, la pauvre ville de Nefta aura bientôt fait de périr. Ce ne sont pas ses « monuments » de couleur terreuse, ses arabesques de briques cuites au soleil, ses minarets ou ses maisons de boue sèche qui mériteraient de retarder sa ruine un jour de plus.

*
* *

Est-ce à dire, parce que notre protectorat en Tunisie a déjà produit quelque bien et promet d'en produire davantage, que tout soit pour le mieux dans ce pays que nous administrons de concert avec les fonctionnaires du bey? Bien optimiste ou bien aveugle serait celui qui le soutiendrait. Je n'ai pas l'intention de faire de la politique dans ces lettres, et j'ai d'ailleurs trop peu vu le pays pour en pouvoir juger. Mais ce que j'en ai vu et compris me porte à croire que la Tunisie souffre de l'état mal défini dans lequel est encore son gouvernement. Il y a trop d'autorités en ce pays, et dont les pouvoirs sont mal délimités ou risquent d'empiéter les uns sur les autres. Nos fonctionnaires civils et militaires constatent souvent le mal, mais n'ont pas le pouvoir d'y apporter remède. Les fonctionnaires du bey qu'on conserve encore ou manquent d'autorité réelle ou font servir celle qu'ils savent prendre à pressurer le pays comme aux plus mauvais jours de l'autocratie beylicale. Le système des monnaies favorise l'*agio* d'une foule d'usuriers et de *mercanti* de bas étage qui accaparent la monnaie française au taux de la monnaie tunisienne sur laquelle elle fait prime, et qui paient les indigènes en monnaie tunisienne, leur persuadant qu'une pièce tunisienne qui a le calibre des nôtres, sans en avoir le poids d'argent, a la même valeur, tandis qu'elle perd au change quelques sous sur elle. On sait l'histoire du chemin de fer français et du chemin de fer italien qui se font concurrence à Tunis. Les postes tunisiennes sont aussi entre les mains de deux ou trois pays : Français, Anglais, Italiens. Le système des douanes est mal assis et, dans son application, surtout à la frontière qui sépare l'Algérie et la Tunisie est la source d'une infinité d'abus et de tracasseries absurdes. Un agent de la ferme des douanes (car les impôts sont perçus ici, comme en France sous l'ancien régime, par des compagnies fermières qui traitent avec l'Etat tunisien sur le pied d'un rendement de tant par an) ne voulait-il pas faire payer à un des Arabes de notre escorte un droit de douane pour un burnous qu'il avait acheté à Tôzer pour remplacer son burnous déchiré? Beau moyen d'encourager le commerce local !

Tout le système des impôts serait d'ailleurs à refaire de fond en comble. Imaginez qu'on en est encore à payer ici un impôt de capitation qui est, je crois, de 47 fr. 25 c. par tête et qui pèse sur les pauvres autant que sur les riches, et demandez-vous comment un pauvre diable qui ne sait où prendre du travail et qui vit de quelques dattes ou de quelques figues ramassées de ci et de là peut trouver les 50 fr. nécessaires pour s'acquitter de son impôt. Aussi ne s'en acquitte-t-il pas ou s'il lui arrive une année de le payer, le percepteur inscrira la taxe perçue à l'année 1875 ou 1876, car le contribuable est souvent de dix ou douze ans en arrière. En 1860, dit M. Duveyrier, les impositions de Nefta s'élevaient à la somme de 488,000 riâl toûnsi (291,000 fr.) répartie de la manière suivante : 180,000 riâl pour l'impôt de capitation : 120,000 riâl de droit de marché ; 180,000 riâl sur les dattiers (chaque dattier est imposé, les autres arbres non) et la bagatelle de 108,000 riâl (81,000 fr.) pour le « prix des souliers ». Ce dernier chiffre est celui des exactions *avouées* par les fonctionnaires tunisiens. Il les enregistrent sous cette rubrique euphémique de *hâq essabat*, c'est-à-dire prix des souliers, des souliers que le fonctionnaire est censé user en accomplissant les devoirs de son emploi.

Nous supposons bien que cette rubrique a dû perdre de son enflure depuis que la France a mis le doigt sur les comptes du budget tunisien et les fait contrôler par quelques fonctionnaires à son service. N'importe! la circonstance que la perception tunisienne est encore et pour une large part entre les mains de ces honnêtes Tunisiens qui faisaient une telle usure de leurs bottes, sans doute parce qu'ils y mettaient trop de foin, montre assez la nécessité d'une réorganisation radicale de ce pays et d'une réforme complète de son système d'administration.

On dit dans les feuilles tunisiennes que M. Massicault, le nouveau résident général de France à Tunis, est parti pour Paris afin d'y demander l'autorisation d'entreprendre telles de ces nombreuses réformes dont la nécessité saute aux yeux et qui seront, il y a lieu de le croire, pour le plus grand bien des indigènes autant que pour l'affermissement de notre autorité sur ce pays. Puisse-t-il réussir dans sa mission!

VIIIᵉ LETTRE

La pluie au Sahara. — Le départ. — Les dunes de l' « Erg ». — Citations de voyageurs — Le Chott-el-Gharsa après la pluie. — Les « Barathres ». — Le tribut au gouffre. — Les vipères cornues. — Un ennemi des vipères. — Les puits d'Ouglet-Amar-Bougacha. — Retour à Négrine. — Foum-Zgag. — Arrivée à la Smala du caïd Si-Belkassem.

Foum-Zgag, le 25 mars 1887.

Je ne sais plus quel écrivain en quête de paradoxes, — Richepin, je crois, — voyageant en Italie et surpris par la pluie, imagina d'écrire sur son journal de voyage : « L'Italie ! pays surfait, pays mal connu jusqu'ici ! Il y pleut depuis huit jours que j'y suis. Il y pleut toujours !... » C'est une de ces généralisations hâtives qui faisait dire au voyageur anglais débarqué à Boulogne et qui y vit d'abord une femme rousse : « En France toutes les femmes sont rousses. »

La méthode est d'ailleurs facile, encore plus qu'originale. Je pourrais l'employer aujourd'hui en parlant du Sahara et m'écrier, à l'ébahissement du lecteur, habitué à entendre parler de la sécheresse de la contrée : « Oh! ce Sahara! quel pays de pluie! quel chien de temps il y fait! Et quelles averses on y reçoit! » Et c'est la vérité que du 20 au 22 mars, pendant qu'il neigeait, je crois, et faisait un vent de tempête en Europe, nous avons eu dans la région saharienne et spécialement au Djerid une pluie battante et, sauf quelques éclaircies, une vraie pluie diluvienne. Il semblait que toutes les bondes des cieux fussent ouvertes et que toutes leurs cataractes se déversassent sur nous. Impossible de songer à sortir de nos tentes plantées sur l'éminence qui domine, vers l'ouest, l'oasis de Nefta. Et d'autre part, ce séjour de la tente avait bien quelques inconvénients, ne fût-ce qu'à cause des larges gouttes de pluie qui, transperçant, malgré leur imperméabilité, les toiles de la tente, venaient s'abattre sur nos vêtements et en coloraient la blancheur de taches multicolores! Nous dûmes, comme je l'ai dit déjà dans ma dernière lettre, ajourner de vingt-quatre heures notre départ. N'importe! et malgré les ennuis de l'attente, c'est avec une sincère joie que nous entendions tomber les gouttes drues de cette pluie. Les indigènes autour de nous étaient si heureux! On sentait si bien qu'à cette pluie de la « dernière saison » les promesses de leur récolte en orge et en autres céréales étaient attachées. Justement parce qu'elle y est plus rare, la pluie au Sahara est un bienfait plus apprécié, et quiconque, par coïncidence, semble amener la pluie avec soi, y est considéré comme un messager de bénédictions. C'est au moins ce qu'on peut augurer des félicitations et des compliments qu'on nous adresse à ce sujet et où revient souvent le mot de *baraka* (bénédiction). Combien de fois, pensé-je, recevons-nous en France ce bienfait de la pluie sans en être reconnaissants ou même en murmurant comme l'ondée bienfaisante qui remplit nos sources, alimente nos rivières et nous permet de boire une eau claire, tirée au puits voisin et qui n'est pas saumâtre, comme cette eau des puits du désert qu'il faut pourtant aller quérir dans des peaux de bouc, à trois mille, six mille pas de sa tente! Oh! de combien de dons, en y songeant un peu, nous devrions être reconnaissants!

Le mardi 22 mars, le temps s'étant rasséréné, nous partons de bonne heure, escortés, un bon bout de route, par quelques-uns des notables de Nefta qui nous ont déjà, la veille, — était-ce à cause de la pluie que « nous » amenions ? — comblés d'attentions et de largesses : *diffas* variées, régimes de dattes, corbeilles d'oranges, etc.

Nous mettons le cap vers l'ouest pour joindre le chemin — le seul chemin praticable — qui doit nous ramener par le travers du Chott-el-Gharsa. Notre route nous fait passer à travers une région de dunes sablonneuses, heureusement tassées par les pluies, en sorte que les pas de nos chevaux n'y enfoncent pas comme en temps ordinaire et n'y soulèvent pas des nuages de sable. Ce sont, de ce côté, les frontières de l'*Erg* oriental, de cet immense désert de sables qui s'étend dans le Sud au-delà de Ghadamès et vers l'Ouest jusqu'au *lit* desséché de l'Oued-Ighargar, ne laissant subsister dans cet immense espace, — à peine couvert de place en place de rares touffes d'*alfa*, de *merk* ou d'autres plantes, — que quelques puits de plus en plus rares et les oasis du Souf situés au fond de véritables entonnoirs circonscrits par les sables et qu'il faut défendre sans cesse contre leur invasion menaçante.

Ce mot d'*Erg* signifie *dunes*, ou plus exactement *veines*, à cause des longues veines, semblables à de gros sillons plus ou moins parallèles, qu'y a formées le vent, chassant les sables devant soi C'est dans les fossés ou lèdes qui serpentent entre ces sillons qu'on se conduit d'ordinaire ou plutôt qu'on se traîne avec peine, le sol se mouvant et se dérobant constamment sous les pieds. Mais, par la faveur de la pluie, je l'ai dit, les pas de nos chevaux sont plus sûrs sur les sables mieux tassés et nous parvenons, plutôt que nous ne l'eussions fait en tout autre temps, à joindre le bord des Chotts.

Puisque j'ai touché à ce désert de l'Erg, qu'on me permette d'en dire ici quelques mots, cités des voyageurs qui l'ont, comme MM. Duveyrier, Largeau, Lemay, etc., traversé dans toute sa largeur.

« L'observateur, dit M. Largeau (le *Sahara, les déserts de l'Erg*, p. 322), qui a voyagé de Biskra à Touggourt par une tempête de sud-est, a pu voir l'argile se détacher par croûtes sous les efforts du vent et s'aller fixer en poussière impalpable sur les petites dunes au bord de la route. Quand l'argile a été complètement enlevée, elle laisse à nu la carapace gypsocalcaire qui se pulvérise sous l'action des météores et forme ensuite peu à peu les dunes. Les mêmes faits ont dû se passer dans la région de l'Erg ; la croûte végétale a été balayée d'abord, puis la carapace de grès, mise à nu, s'est désagrégée et a formé les dunes. »

« On avait émis l'hypothèse — écrit M. Reclus dans sa *Géographie Universelle* (t. XI, p. 792), — que les dunes, après s'être formées de la désagrégation des roches, se maintiennent en place. Il est certain que les monticules de sable mobile ne voyagent pas aussi rapidement que pourraient le supposer ceux qui voient la tempête écrêter les dunes et répandre dans l'atmosphère une nuée de sable qui obscurcit le soleil. Au milieu de ces tourmentes de poussière, presque aussi dangereuses que les tourmentes de neige, les voyageurs se rappellent les légendes qui parlent de caravanes, d'armées entières englouties par le cheminement des dunes et craignent d'être bientôt au nombre de ceux que recouvre le roux linceul des sables. Toutefois, quand la tempête s'est dissipée, que les crêtes des dunes ne « fument » plus, et que les flots de poussière emportée par le vent se perdent à l'horizon en un brouillard rougeâtre, l'aspect général du paysage n'a guère changé ; les monticules se trouvent à la même place, leur profil paraît s'être à peine modifié ; les *gassi*, c'est-à-dire les lèdes qui se prolongent entre les dunes, semblent avoir maintenu leurs contours ; les « points d'eau » se retrouvent dans les mêmes dépressions. Mais une journée de vent est bien peu de chose dans l'histoire de la Terre, et d'ailleurs, il ne manque pas d'exemples dans la période contemporaine qui prouvent que si la plupart des dunes se maintiennent ou se reforment aux mêmes endroits, il en est d'autres qui se déplacent. Souvent des guides ont constaté que des monticules s'élevaient là où se trouvait jadis la dépression servant de chemin aux caravanes... Mais tout en cheminant à la surface du Sahara, le « pulvérulin » sableux ne forme pas de dunes indifféremment sur tous les points du désert. Le relief des plateaux, la dépression des vallées, les remous des courants d'air influent sur la direction des sables et défendent tel point contre les apports, en livrent tel autre au dépôt de la fine arène... D'ailleurs on rencontre des dunes qui se sont définitivement fixées, grâce à la végétation d'herbes à racines tranchantes qui vont chercher l'humidité dans les profondeurs ; c'est ainsi qu'on espère pouvoir, dans le voisinage des oasis, arrêter le mouvement des dunes en y plantant le *drin* et d'autres espèces qui s'accommodent des sables.

« Dans l'ensemble, d'après M. Duveyrier (*Le pays des Touaregs*), le mouvement général des sables sahariens se porterait du nord-est au sud-ouest, conformément à la marche du courant aérien des alizés. Quelques-unes des cimes de l'Erg oriental atteignent une hauteur beaucoup plus considérable que celles des dunes landaises, sur le littoral de Gascogne : le ghourd el-Khadem, mesuré par MM. Largeau, Say et Lemay, s'élève à 139 mètres, d'autres atteindraient 150 mètres. M. Duveyrier a vu des dunes de 200 mètres se dressant dans l'Erg oriental ; même M. Largeau parle d'un ghourd ayant un demi-kilomètre d'élévation verticale. Une exploration plus complète du Sahara nous révèlera la hauteur à laquelle peuvent s'élever les cimes errantes. On comprend quelle est la majesté de ces monts, brillant au soleil de reflets fauves ou dorés, et coupés de grandes ombres, noires le jour par le contraste des pentes violemment éclairées, bleuâtres le soir quand elles se mêlent à la lumière oblique des rayons irisés ; au-dessus des talus, les cimes se détachent nettement sur le fond azuré du ciel par de brusques arêtes, par des *siouf* ou « sabres », comme disent les Arabes, tant le fil en est pur. Du haut des buttes d'où l'on voit se dérouler dune après dune dans l'immense étendue de l'Erg, le spectacle est celui d'un océan déroulant des vagues prodigieuses soudain consolidées. »

Un dernier trait avant de prendre congé de cette région de l'Erg. « Dans les Iguidi et dans certaines parties de l'Erg, écrit encore M. Elisée Reclus, il n'est pas rare d'entendre « chanter » les sables, comme à la montée des cloches, sur les pentes du Serbal, dans le massif du Sinaï. Au milieu du silence infini, on entend tout à coup un son vibrant comme celui d'un clairon lointain : ce bruit dure pendant quelques secondes ; puis les sables se taisent et la voix reprend ailleurs. Ce n'est point là une hallucination, car les animaux l'entendent comme les hommes, et la plupart d'entre eux, ignorant la cause de cette musique des dunes, en sont très effrayés. Les soldats français qui l'ont entendu dans le Souf ou dans le désert de Ouargla lui donnent le nom de « tambour des sables », et plus d'un, épuisé par la fatigue et par la soif, a pu croire, comme son guide arabe, qu'un *djinn*, se moquant de ses souffrances, chantonnait sa mort prochaine. Evidemment cette musique des dunes provient de l'écroulement des nappes et du froissement des milliards de molécules les unes contre les autres; maint voyageur a pu, en descendant précipitamment dans le couloir sableux du Serbal et en entraînant ainsi des masses de sable, grossir leur voix et changer leur murmure en un véritable tonnerre. Mais il reste un problème à élucider. Pourquoi n'a-t-on pas entendu cette voix des sables dans toutes les régions des dunes ? Quelle est la nature cristallographique des molécules vibrantes ? »

Revenons au *chott el Gharsa* qui forme au nord la lisière de l'Erg et que nous allons maintenant traverser pour remonter vers le nord, dans la direction de l'Aurès, dans la direction de la France !

Je dois faire amende honorable aux *chotts*
Je les ai mal jugés dans ma précédente lettre, en supposant impossible qu'ils gardassent l'eau plus de quelques heures. Il me faut aujourd'hui revenir de mon opinion et constater qu'il y a dans les *chotts*, au moins après les grandes pluies, comme celles des jours passés, une nappe d'eau et même une belle nappe, car nous ne mettons pas moins d'une heure à la traverser au pas allongé de nos chevaux, ce qui suppose bien une largeur de six kilomètres pour une longueur beaucoup plus considérable, car, dans ce sens de la longueur, des deux côtés où s'étend notre vue, la nappe se perd derrière la rondeur terrestre et nous n'en voyons pas les bords.

C'est dans de telles occasions, c'est-à-dire quand la nappe liquide qui séjourne d'ordinaire seulement dans la partie centrale du chott a été accrue par les pluies au point de couvrir une vaste surface de cette grande cuvette lacustre, qu'il est nécessaire d'avoir un bon guide, connaissant bien la piste cachée sous l'eau par où doivent passer les caravanes, pour ne pas risquer de dévier et d'aller sombrer dans quelques-uns de ces trous perfides, comme on nous en montre sur le bord de la piste, sorte de *barathres* qui font communiquer les eaux du *chott* avec la couche sous-jacente et si profonds qu'on assure que des chameaux entiers avec leur charge s'y sont engouffrés sans qu'on ait pu leur porter secours ni qu'on les ait vus reparaître.

Voici d'ailleurs ce qu'en dit M. Elisée Reclus dans sa *Géographie de l'Afrique du Nord* :

« Quelques-unes de ces pistes (à travers les *chotts*) ne présentent aucun danger, mais d'autres sont redoutables. Il faut les suivre avec précaution de crainte des vasières dans lesquelles on pourrait s'enlizer, des gouffres où l'on disparaîtrait soudain. Au départ, le guide recommande toujours aux voyageurs de le suivre « les pas dans les pas. » La *sebkha* tunisienne (autre nom du *chott*) est périlleuse à franchir : un nuage de poussière, un mirage, qui cachent ou défigurent les balises, une erreur du guide, un effarement des animaux peuvent entraîner la caravane à la mort. En vertu des conventions traditionnelles entre tribus, la route à suivre devrait être indiquée d'un côté par des pierres, de l'autre par des troncs de dattiers, placés à une distance de quelques centaines de mètres les uns des autres; mais cette règle est mal observée : en effet !... la plupart des signaux règlementaires ou *gmaïr* ne sont plus à leur place ou bien ont été remplacés par des ossements de chameaux. (Il est bon de faire observer que ces carcasses de chameaux ou d'autres bêtes de somme couvrent un peu partout les sentiers du désert). A côté de la route qui rejoint l'oasis de Kriz à celles du promontoire méridional s'ouvrent des abîmes emplis d'une eau verte « plus amère que celle de l'Océan » et tellement profonds qu'une sonde formée d'un objet lourd attaché aux cordes de la caravane n'en touchent pas le fond. Des légendes et d'anciens récits arabes parlent d'effondrements soudains qui se seraient produits sous le poids des hommes et des animaux : le gouffre aurait tout englouti et ses lèvres se seraient aussitôt refermées au-dessus des victimes. Au sud du lac, dans la région voisine de Nefzaoua, se trouve un gouffre, de profondeur inconnue, auquel on donne le nom de Taouerga; il exige chaque année une victime humaine, disent les gens des tribus voisines. »

***

Grâce à Dieu, — et quoique les dangers du passage fussent sans doute accrus par la montée des eaux, nous n'avons fourni aucune victime aux gouffres qui bordaient notre route, et, les pas dans les pas de notre guide, formant une file fort pittoresque — nos chevaux ayant de l'eau jusqu'aux genoux ou jusqu'au poitrail, — nous avons pu traverser heureusement le redoutable chott.

Arrivés de l'autre côté, c'était un danger d'un autre genre qui nous attendait, et sinon nous, du moins nos bêtes, qui ont les jambes plus près de terre. La plaine caillouteuse, semée de petites brousses de *begkel*, est en effet un véritable repaire de reptiles, parmi lesquels la dangereuse vipère cornue dont la piqûre, à moins d'un prompt et énergique traitement, est presque toujours mortelle à l'homme ou aux animaux. Je ne parle pas des scorpions ou autres reptiles de moindre importance qui pullulent dans toutes les régions du Sahara et qu'on est exposé à rencontrer sous sa tente, sous sa main, sur son encrier. J'ai déjà mentionné le fait d'un scorpion trouvé à

Chebika sur ma table de travail au moment où l'on rangeait mes livres pour les mettre dans mes « cantines ». Ce sont là des bagatelles, mais le dard de la « vipère cornue » n'est point une bagatelle à ce que chacun assure. Or, dans cette seule après-midi du 22 mars, entre le Chott-el-Gharsa que nous avons fini de traverser à deux heures et notre campement du puits d'Amar Bougacha, où nous arrivons vers les quatre heures du soir, nous ne rencontrons, sur notre route, pas moins de trois de ces dangereux reptiles. Il est vrai que le danger de la rencontre est encore plus pour eux que pour nous et la preuve, c'est que les trois vipères signalées sont exécutées à coups de sabre ou même de fusil avant qu'elles aient pu atteindre personne de notre caravane ou même avant qu'elles y aient songé. N'importe! je n'aimerais pas voyager seul et surtout à pied au milieu de ces broussailles. Les vipères cornues et autres y sont trop peu dérangées et ont eu trop de temps pour y pulluler depuis l'époque où le bon Salluste, dans sa *Guerre de Jugurtha*, écrivait déjà, parlant de cette région du sud de la Numidie voisine de Capsa (la *Gafsa* moderne):
« Les habitants de Capsa, partisans de Jugurtha,

étaient encore puissamment défendus par l'affreuse contrée qui les isolait. Car, excepté les environs de la ville, tout le reste n'était qu'un désert sans traces de culture, manquant d'eau, empesté de serpents qui, comme tous les animaux féroces, deviennent plus furieux par le manque de nourriture : d'ailleurs rien n'irrite plus que la soif, la rage naturelle de ces pernicieux reptiles. » (*De bello Jugurtha*. Ch. XCIII).

La vipère a heureusement un adversaire naturel dans le hérisson qui, tout en menant sa vie d'herbivore, se rencontre parfois avec elle. Attaquer le petit animal et le mettre en quartier, dame vipère le ferait et elle s'y essaie volontiers. Mais le hérisson n'a qu'à se replier sur lui-même en boule et à offrir à l'assaillante les mille lances de sa carapace. La vipère s'y pique une fois, deux fois et, en crevant de dépit, veut absolument se venger ; mais, vaines fureurs ! Le hérisson ne se départ ni de son flegme, ni de sa position défensive, et plus la vipère multiplie ses charges, plus elle se déchire elle-même sur les dards de son ennemi. Dans ces batailles forcenées contre tous les reptiles du désert, c'est toujours le brave petit hérisson qui est vainqueur. Aussi recherchet-on sa société pour se préserver des vilains reptiles que son contact met à mal. Justement nous en trouvons un, dans cette région fertile en vipères, et le recueillons pour l'emmener au bordj de Khenchela. Mais dans la nuit suivante, insuffisamment gardé, il prend la poudre d'escampette... Bon voyage, petit animal !

Je ne dirai pas grand bien du puits d'Amar Bougacha, où nous avons campé cette nuit-là, ou plutôt *des puits*, car il y en a plusieurs, ce qui leur a valu l'épithète d'*Ouglet*. La vérité m'oblige à dire que tous ces puits se valent, et que l'eau du meilleur d'entre eux est horriblement mauvaise. Telle qu'elle est, il faut s'en contenter, car il n'y a pas d'autres puits sur toute l'étendue du terrain qui s'étend entre les chotts et l'oasis de Négrine, au pied des dernières montagnes de l'Algérie orientale. J'ai tort d'ailleurs de nous plaindre, au moins en ce qui nous concerne, nous, les principaux de la caravane, car le caïd Si-Belkassem a pris la précaution de faire apporter dans des outres et dans des bouteilles de l'eau du Nefta, beaucoup plus potable, et c'est de cette eau que nous avons l'avantage de boire, tandis que nos *hallès* (muletiers) et nos bêtes doivent se contenter des eaux troubles des *Ouglet* versées dans l'abreuvoir.

***

Le lendemain, après plusieurs heures encore de chevauchée, coupées par une grande halte et par un repas dans le désert, nous couchons dans le bordj de Négrine, où le lieutenant V... nous fait le meilleur accueil. Entre temps, je visite l'oasis que je n'avais fait qu'entrevoir à notre passage de l'aller. C'est une des plus pittoresques que j'aie vues, sinon l'une des plus grandes ni plus fertiles. Malheureusement, c'est aussi l'une des plus fiévreuses et des plus malsaines, comme l'indique assez la mine alanguie et étiolée des habitants du village. Moi-même, je ressens dans la nuit, rien que pour l'avoir traversée, un accès de fièvre, le premier que j'aie encore éprouvé. N'importe, je ne regrette pas de l'avoir visitée, ne serait-ce qu'à cause de l'admirable coucher de soleil que j'ai pu contempler de l'oasis, les teintes de flamme et d'or du couchant apparaissant plus éclatantes encore à travers les palmiers qui occupaient le premier plan du tableau dont la montagne voisine et les perspectives lointaines de la plaine saharienne complétaient le cadre enchanteur.

∗

Le lendemain 24, partis de bonne heure de Négrine, nous traversions à nouveau Ferkane, mais sans nous y arrêter, et après le déjeuner pris sur les bords de l'Oued-el-Gherouia (un *Oued* qui, grâce aux pluies récentes, roulait encore un flot assez imposant), nous arrivions, vers les quatre heures du soir, à Foum-Zgag, nom donné à l'endroit où le caïd Belkassem avait son campement d'hiver avec toute sa smala. Quiconque a vu, au musée de Versailles, le célèbre tableau d'Horace Vernet : la *Prise de la smala d'Abd-el-Kader*, peutse faire une idée de ce qu'est. — moins les scènes tragiques du tableau, moins l'effarement, moins aussi, je crois, la beauté des femmes (que je n'ai d'ailleurs point été admis à voir) — une « smala » de grand chef arabe. Au penchant de coteaux plus ou moins âpres et jaunes, plusieurs tentes de forme assez plate, à grandes bandes blanche et brune, sont éparses, dont chacune loge quelques personnes de la famille ou de la domesticité du chef. Autour des tentes, les pieds pris dans des cordes, les chevaux et les mulets mangent la pitance qu'on a mise devant eux. Les chameaux, les moutons et les chèvres broutent à quelque distance, et la halte demeure en cet endroit jusqu'à ce que la terre environnante soit consciencieusement fauchée par la dent des herbivores et dépouillée de toutes les plantes qu'elle pouvait porter. L'été — car c'est l'hiver seulement que les nomades viennent ainsi dans les terres de parcours du désert — l'été, ou même dès le commencement du printemps, les nomades reprennent le chemin des hauts plateaux ou du Tell, où la plupart d'entre eux possèdent aussi le droit de parcours et de culture. C'est le cas pour la tribu des Ouled-Rechaich, dont le caïd Belkassem est le chef. Quelques-uns des chefs de grande et de petite tente, après avoir tiré du Sahara tout ce qu'il pouvait donner, sont déjà repartis pour le Tell, où ils ont leurs campements d'été dans le voisinage de Khenchela. Le caïd compte lui-même — *inch Allah*, c'est-à-dire si Dieu le permet, — replier ses tentes et repartir ces jours-ci. En attendant, il a trouvé le moyen, une fois de plus, de nous organiser, sous ses tentes, une réception et une hospitalité vraiment princières. La table du repas est chargée de mets orabes, de pâtes et de sucreries de tout genre, dont quelques-uns ont vraiment bon goût autant que bon air. On fait grand honneur au festin, et la joie est dans tous les cœurs, d'autant que le voyage s'est jusqu'à présent passé sans encombre, d'autant surtout (car ç'a été là le grand incident de la journée) que la caravane s'est maintenant complétée de deux nouveaux et intéressants voyageurs. Mme W..., en effet, bravant les fatigues du voyage à travers la montagne, et le petit Robert W..., sont venus, sous la conduite d'un frère du caïd, retrouver qui un mari, qui un père tendrement aimé. La joie de la rencontre a été grande et partagée par tous les hôtes de la smala, entre autres par le signataire de ces lignes, dont le cœur voleau-devant du moment où il pourra, lui aussi, serrer dans ses bras tous ses bien-aimés.

IXᵉ LETTRE

Départ de Foum-Zgag. — Un atelier de silex préhistoriques. — Je voudrais être peintre. — La chasse à la gazelle. — Sur les bords de l'Oued-Ouazern. — Les deux caïds. — Causeries sur la religion. — La flore de Khanga. — Trop de mouches!

Khanga-Sidi-Nadgi, le 28 mars 1887

C'est le vendredi 25 mars, après le repas de midi, que nous sommes partis de Foum Zgag, col du Zgag, le lieu de campement du caïd Si-Belkassem, où nous avions été traités avec toutes les ressources de l'hospitalité arabe, digne émule — *mutatis mutandis* et en remplaçant, par exemple, le *porridge* par le *couscouss* — de l'hospitalité écossaise.

Avant de quitter ce point ignoré de la carte du monde, où hier tant de cœurs d'hommes battaient de sentiments divers, et qui demain sera rendu au désert, je signalerai, à ceux que cela peut intéresser, l'existence, au point même où nous avons campé, de ce qui fut autrefois un vaste atelier de silex taillés. Si nous-mêmes n'étions pas, suivant la si juste comparaison de saint Paul, comme ces tentes dont la demeure est sitôt détruite, et, s'il valait la peine de fixer un jour la place où nous avons dormi cette nuit-là, quelque paléographe de l'avenir, en quête de vestiges laissés par l'humanité préhistorique pourrait dire, en retrouvant quelque jour cet amas de silex sur les bords de l'Oued-bou-Doukhan : C'était là.

Je dis un amas de silex, car, quoique j'en aie garni ma cantine, il en reste encore beaucoup pour ceux qui viendront après nous. Ce sont surtout des grattoirs, des racloirs et des couteaux qu'on fabriquait en cet endroit. J'en rapporte avec moi plus de cinquante échantillons de dimensions diverses.

Je ne donne pas d'ailleurs ma découverte pour quelque chose d'important, quoiqu'il soit probable que personne parmi les Européens n'avait encore reconnu cet atelier de Foum-Zgag. Il a été, en effet, constaté déjà que le Sahara compte un grand nombre d'ateliers semblables. Celui de Ngouça, à six kilomètres d'Ouargla a été reconnu depuis plusieurs années. M. L. Rabourdin, qui a pris part à la première mission Flatters, a reconnu, au cours de son voyage, plusieurs traces d'ateliers, jusqu'au centre du Sahara, particulièrement dans le bassin de l'Oued-Zgharghar, comme en témoigne son rapport sur les *Ages de pierre du Sahara central*, qui a été publié en 1881 dans les Bulletins de la Société d'anthropologie. M. le docteur Weisgerber, qui accompagnait la mission Choisy à El-Goleah, a rendu compte aussi de ses découvertes de silex taillés dans son ouvrage intitulé : *Excursion anthropologique au Sahara*.

La conclusion qui s'impose à la suite de ces découvertes, c'est que le Sahara a dû être habité aux temps préhistoriques beaucoup plus qu'il ne l'est de nos jours. Et cette conclusion ne saurait faire doute, quand on songe que ces vallées d'érosion qui traversent le Lohara comme celle de l'Oued-Zgharghar, de l'Oued-Djeddi, de l'Oued-Mirjà, etc., où ne coule plus actuellement une goutte d'eau, ont cependant tous les caractères auxquels on peut reconnaître les lits d'anciennes rivières coulant à ciel ouvert. En sorte qu'on peut affirmer qu'autrefois le Sahara a été une contrée sillonnée d'eaux courantes et produisant une riche végétation. Qu'à cette époque-là les hommes aient habité en grand nombre cette terre inondée de soleil, il n'y a pas à s'en étonner, puisque même aujourd'hui où les sources sont taries, où les rivières ont cessé de couler, où la végétation est si rare et si maigre, où le désert brûlé par la canicule n'offre que des images de stérilité et de mort, les tribus touaregs trouvent encore moyen de s'y sustenter, elles et leurs chameaux.

Mais je laisse à plus savants que moi le soin de traiter cette question d'anthropologie saharienne, et je reprends le fil de notre voyage. Comme nous devions repasser à Khanga-Sidi Nadgi, notre route était indiquée dans la direction de l'Est à l'Ouest. Quand je parle de *route,* on pense bien qu'il ne s'agit pas de route tracée, ni même de sentier régulier. Devant nous marchait un cavalier du caïd qui nous servait de guide, et le gros de la troupe le suivait, passant après lui, ici sur les lits de cailloux, là dans les plaines que tapissait parfois un mince gazon, là dans les oueds desséchés, là dans les fondrières ou sur les crêtes faites de débris de montagnes effritées et tombées en rui-

nes. Notre orientation générale nous faisait passer
à quelque distance, au pied des montagnes : —
Djebel Tazemont, Djebel-el-Alleb, Djebel Zer-
mouna, Djebel Tirimbou — qui forment les derniers contreforts des monts de l'Aurès et du Djebel
Chechar, et marquent de ce côté la limite du
Sahara. Je veux redire encore combien était féerique l'aspect de ces monts dénudés, mais dont
le coloris naturel, allant des tons de l'ocre aux
tons de la lie de vin, prenait en s'estompant sous
la chaude lumière du soleil, des teintes d'agathe
et de porphyre. L'immense plaine que nous sui-
vions, coupée de distance en distance par des
oueds descendus de ces montagnes, — mais dont
la plupart, malgré les pluies récentes, étaient déjà
desséchés, — n'avait, en dépit de son caractère
de plaine, rien de monotone. Car il y a, comme je
l'ai déjà indiqué, une grande variété dans le Sahara ; cela tient à la nature diverse des terrains
érodés ou désagrégés qui sont entrés dans sa com-
dosition. Ici c'est un immense champ, faisant légèrement le dos d'âne, de cailloux roulés, qui sont
ou des silex ou des laves ; ailleurs c'est le cal-
caire qui domine ; ailleurs l'argile mélangée au
sable. Et chacun de ces terrains a sa végétation

particulière, plus maigre ici, plus riche là, plus loin presque totalement absente. Comme c'est le printemps dans cette zône, le désert a mis sa robe de fête, et ce sont de place en place des fleurettes toutes charmantes. Un botaniste les décrirait par le menu en les classant par familles; je ne sais, moi, les voir qu'en gros et les admirer de même, mais je sais bien que Salomon, avec toute sa gloire, n'était point vêtu comme la plus humble de ces fleurettes. Dans nos haltes, nous en faisons de petits bouquets que nous pressons ensuite entre les pages d'un livre et que nous enverrons en France à nos bien-aimés. Mais hélas! les pauvrettes leur arriveront toutes fanées et ne leur diront pas la gloire de la flore saharienne. Elles sont déjà à demi-fanées quand nous les mettons sous l'enveloppe! Je me dis que nos pensées sont comme ces fleurs. Elles ont un air de fête quand elles éclosent dans la tête du littérateur, du poète, du penseur quel qu'il soit. Mais déjà quand il leur faut se laisser tailler, découper en phrases, sous le stylet, pour entrer dans le moule d'un ouvrage écrit, elles commencent à pencher la tête, comprimées. Et, souvent quand elles arrivent au lecteur indifférent ou qui a d'autres soucis en tête, elles lui font — ces pauvres pensées — l'effet de fleurs bien fanées. Ce qui sort du volcan des cœurs en forme de lave bouillante tombe en lit de roches refroidies sur le champ de l'indifférence générale. Ce coloris naturel des choses vues, senties et qu'on voudrait exprimer comme on les voit et comme on les sent, devient, trahi par l'image, — à moins qu'on ne soit un bien grand poète ou un bien grand peintre — une froide couleur de nature morte, une sorte d'image d'Epinal. Oh! la grande misère de ne pouvoir rendre adéquatement — comme dirait l'autre — ce que l'on éprouve et sent en son par-dedans! J'en ai souvent gémi en écrivant mes articles de journal sur des sujets qui me paraissaient dignes d'être traités de la main d'un maître et que j'avais le regret de saboter d'une main d'écolier. Mais jamais peut-être mon insuffisance d'écrivain ne m'est plus apparue que depuis que j'ai entrepris d'écrire ces lettres sur le Sahara. C'est la palette d'un peintre qu'il faudrait ici, et il me semble que ce lui-là seul qui manierait le pinceau de façon à pouvoir reproduire avec fidélité cette nature exubérante de couleur, pourrait aussi manier la plume de façon à pouvoir la décrire sans être trop au-dessous de son sujet. Le beau livre de Fromentin, sur le Sahara, vient à l'appui de cette idée. Ce pays de lumière a inspiré en lui l'écrivain autant que le peintre. *Anch'io volerebbe essere pittore!*

Les émotions de la chasse viennent se mêler aux recherches de la flore pour abréger les longues étapes que nous parcourons. C'est ici la terre promise des chasseurs, et le gibier y abonde d'autant plus qu'il est peu inquiété, fort peu d'Arabes étant chasseurs et les Européens ne venant guère relancer le gibier ici. Dans cette partie surtout du Sahara qui avoisine les montagnes, les troupeaux de gazelles abondent, et c'est par dizaines, par cinquantaines qu'on voit passer ces troupes de vestales du désert — je ne sais rien qui ait l'air plus virginal qu'une gazelle — aux jambes si agiles et aux mouvements si gracieux. Les moufflons, plus rudes et plus butors — se rencontrent aussi, quoique en moins grand nombre. Les pluviers abondent ainsi que les outardes, les perdrix et les lièvres. Quant à une espèce de perdrix anglaises, au plumage gris, avec une sorte de collier noir autour du cou — appelées *kangas* par les Arabes — elles abondent tellement, ains qu'une sorte de grosse alouette, qu'on ne se donne pas la peine — d'autant qu'elles ont la chair plus coriace que celle des perdrix ordinaires — de leur envoyer du plomb dans les ailes.

Ce sont surtout les frères du caïd et le caïd lui-même qui galopent sur nos ailes à quelque distance qui se livrent à cet exercice de la chasse. Un moufflon et deux gazelles, sans parler du gibier plus petit, sont le prix de leur adresse pendant cette journée. On apporte les victimes aux pieds de Mme W... le soir au campement, et c'est elle qui décide de l'emploi qu'on devra faire de cette chasse. On voit que les chefs Arabes font les choses galemment et avec grand air.

Notre campement du vendredi soir a été fixé au bord de l'Oued-Ouazern, rivière assez importante qui vient de la vallée des Beni-Barbar et qui, en ce moment de l'année, roule encore, même dans cette traversée du Sahara, un flot assez large. Le lendemain nous repartons, toujours marchant vers l'Ouest, dans la direction du Khanga-Sidi-Nadji. Nous traversons encore, entre des étendues de terrains de plus en plus stériles et pierreuses —

bien des Oueds asséchés ou en train de s'assécher : l'Oued Tagmil, l'Oued Ghelalazzen en sont les principaux.

Nous faisons la grande halte de la méridienne à Chabet-Yallah, autrement dit au Ravin d'Yallah, et c'est à cet endroit, non loin du lieu où il nous a reçus, que nous prenons définitivement congé du caïd SiBelkassem. Je ne saurais dire combien d'obligations j'ai personnellement à cet homme excellent et distingué, à la physionomie si martiale et si intelligente, qui a préparé nos voies, veillé sur nos approvisionnements et nous a fait tenir nos courriers avec tant de soin et d'entente que rien ne nous a manqué pendant la route et que nous aurions pu nous croire, pour le confort dont nous étions entourés, à quelques lieues seulement de Paris ou de Constantine. Nous avons souvent causé ensemble de choses sérieuses et particulièrement sur la religion, un sujet sur lequel il était heureux, m'a-t-il dit, d'entendre un Français parler avec l'accent de la conviction et de la foi — car hélas ! beaucoup de nos Français d'Algérie ne savent que profaner ces grands sujets, par leur légèreté ou leur incrédulité grossière. — Je lui ai laissé l'Evangile de saint Jean outre

un certain nombre de traités en arabe que je dois
à la bienveillance de M. Jocelyn Bureau, missionnaire protestant en Tunisie, dont on a pu lire
quelquefois des lettres dans le *Signal*. Dieu
veuille bénir pour l'âme de ce chef arabe, ainsi
que pour l'avancement spirituel de sa famille et
de sa tribu, la lecture de ces pages ! Oui ! que Dieu
l'amène un jour, lui et les siens, à la connaissance
de Celui dont les Musulmans savent si peu de
chose, quoiqu'ils le proclament eux-mêmes, avec
le Coran, la « Parole de Dieu » et qui seul pourra
régénérer le peuple arabe, comme Il donne à quiconque croit en lui, le pardon, le renouvellement
de l'âme et la vie éternelle !

***

Dans la soirée du samedi 26 mars, nous faisons
notre rentrée à Khanga-Sidi-Nadgi dont le caïd,
notre connaissance Si-Hasseïn, est venu au-devant
de nous avec ses frères. Il paraît heureux de nous
revoir, et nous ne le sommes pas moins de le retrouver. J'ai déjà dit sa belle prestance et l'air à
la fois noble et réservé de sa fine et aristocratique
figure. Lui aussi a des sentiments de piété profonde quoique mal éclairée et je me figure qu'il y

a en lui l'étoffe d'un Nathanaël « en qui il n'y a point de fraude. » Que Dieu lui fasse trouver seulement le Philippe qui le conduira aux pieds de Jésus-Christ et lui fera reconnaître en Sidna Aïssa, le Messie dont les Arabes attendent le retour et le règne, le « Sauveur du Monde. »

Dans les entretiens que nous avons ensemble, sous les ombrages de son beau jardin, la conversation roule sur la personnalité et l'œuvre de notre Seigneur. Comme tous les Arabes instruits dans le Coran, Si-Hasseïn admet ce que ce livre dit de Jésus : sa naissance d'une Vierge, ses miracles et sa mission divine qui doit se compléter quand Il reviendra sur la terre juger les vivants et les morts. Avec le Coran encore, dont l'auteur n'a guère connu le christianisme que par les Evangiles apocryphes qui circulaient en Orient au temps de Mahomet, le caïd attribue à Sidna Aïssa (le Seigneur Jésus) des miracles apocryphes, comme celui de l'oiseau d'argile qu'il aurait pétri de ses mains et qui serait devenu, sous son souffle, une colombe vivante. Comme le Coran enfin, il veut qu'au moment de la crucifixion, Dieu soit intervenu et ait substitué à leur Messie que les Juifs allaient immoler un simple Juif qui a seul éprouvé les souffrances de la croix. Toute l'œuvre de la Rédemption qui a pour base la crucifixion du Sauveur est ainsi, pour les Arabes, lettre morte et inintelligible. J'explique de mon mieux au caïd que cette œuvre était nécessaire pour le salut de l'humanité et que, sans le sacrifice expiatoire du Sauveur, nous sommes encore « morts dans nos fautes et dans nos péchés. » N'est-ce pas une illustration de cette absence, dans leur religion, de toute doctrine de rédemption, que, tant d'années après la mort de celui qu'ils considèrent comme le prophète « d'Allah » les Musulmans, dans leurs prières, demandent que « le salut » soit accordé à Mahomet? Si leur prophète n'est pas encore assuré de son salut, comment ses fidèles seraient-ils sûrs du leur? Et, comme conséquence de cette incertitude de leur salut, et de ce besoin d'expiation qui subsiste dans tous les cœurs d'hommes, aussi longtemps que la vertu du sacrifice expiatoire du Calvaire n'est pas admise et confessée, il faut noter que les musulmans gardent encore, dans certaines cérémonies, l'usage des sacrifices sanglants, immolant, pour se rendre la Divinité favorable, des agneaux de leurs troupeaux. Heureux ceux chez qui « l'amour parfait a banni la crainte » et qui ne sont plus sous la terreur du jugement, parce qu'ils croient au sacrifice une fois pour toutes consommé de « l'Agneau de Dieu qui efface les péchés du monde ! »

Pendant que s'achèvent les préparatifs de notre voyage par la vallée des Beni-Barbar, nous passons, en repos, notre journée du dimanche à Khangha-Sidi-Nadgi, en célébrant, dans un petit culte de famille, les bontés du Dieu de Jésus-Christ, et en jouissant de l'hospitalité du caïd et des ombrages de son jardin. Combien les richesses de cette végétation luxuriante se sont encore accrues depuis notre premier passage ! Nous sommes toujours en mars et déjà les jasmins sont passés ; les roses et les giroflées sont en fleurs ; les figuiers ont des feuilles plus larges que chez nous au mois de juillet, et les premières figues sont déjà formées, comme sont formés les fruits de l'amandier et de l'abricotier.

Ces dons de Flore, si précoces, se paient, hélas, comme toute richesse se paie ici-bas, par des chaleurs déjà torrides et par des émanations qui portent la fièvre avec elles. Les mouches, nos mouches d'Europe, comme fiévreuses elles-mêmes et acharnées à leur proie, se ruent sur nous par escouades innombrables. En vain, j'essaie, dans l'après-midi, de faire la sieste à l'ombre d'une tente. J'y dois renoncer, ayant trop affaire à défendre mes yeux et mes mains contre les piqûres de ces désagréables insectes. Et bien heureux sommes-nous encore de n'avoir affaire ici qu'aux mouches! A El-Hamma, dans le Djerid, j'ai connu les piqûres des moustiques qui peuplent, en bataillons serrés, les marécages de l'oasis, et je sais ce qu'il m'en a cuit!

Les indigènes sont plus habitués que nous à ces incommodités de leur climat et ne paraissent pas en souffrir. J'ai vu les mouches assemblées par grappes noires sur les yeux de garçonnets ou de fillettes de Khanga sans que ceux-ci fissent un geste pour les chasser. Tout est sans doute, — suivant les théories de M. de Quatrefages, — affaire d'acclimatation. Peut-être, si j'étais né ici, trouverais-je que les mouches sont un agrément de la vie saharienne. Né sous une latitude plus septentrionale, j'avoue qu'elles m'obsèdent et que je saluerai avec plaisir mon départ de Khanga, ne fût-ce que pour être délivré de ce fléau des mouches.

Xᵉ LETTRE

Notre itinéraire de retour. — De quoi dérouter les géographes. — *L'Oued Je-Ne-Sais-Pas.* — Aspect de la nature et du sol dans les *Djebels.* — « *Pulvis est et in pulverem revertitur.* » — Rencontre des lions... de Tartarin. — Arrivée à Djellal. — Un village haut perché. — Un « sabir » improvisé. — « *Français macache bono.* »

Notre retour de Khanga à Khenchela devait se faire par une autre vallée que celle que nous avions suivie à l'aller. Le commandant W... désirait me faire connaître la vallée des Beni-Barbar, l'une des plus curieuses et des plus pittoresques du cercle qu'il commande et aussi l'une des parties les moins connues de l'Algérie et les moins visitées par les Européens. Et vraiment il n'avait pas exagéré en me promettant que cette partie de notre tournée m'intéresserait autant ou plus que tout ce que nous avions vu déjà. Ce coin isolé du monde est, en effet, l'un des plus extraordinaires qui se puissent voir tant au point de vue des sites que des hommes et je ne regretterais pas mon voyage quand il ne m'eût conduit que dans cette vallée et ne m'eût fait voir que ce que j'ai vu durant ces derniers jours de notre voyage.

La vallée des Beni-Barbar se développe parallèlement à celle de l'Oued-el-Arab, et à l'est de celle-ci. Comme l'Oued-el-Arab, l'oued des Beni-Barbar descend des plus hautes cimes des montagnes situées au midi de Khenchela et connues dans nos géographies élémentaires sous le nom de chaîne de l'Aurès, (quoique l'Aurès proprement dit soit une montagne plus à l'ouest.) Comme l'Oued-el-Arab encore et d'ailleurs comme toutes les rivières des pays arabes, celle-ci change plusieurs fois de nom dans les diverses parties de son cours. Le cours d'eau principal entre ceux qui descendent à cet endroit des montagnes porte successivement les noms d'Oued Ouenral, Oued Guechoula, Oued-er-Rakouch, Oued Bou-Mansour. Il devient l'Oued Beni-Barbar seulement à partir du point où il a reçu l'Oued bou-Founès, pour changer d'ailleurs son nom un peu plus bas en celui d'Oued-bou-Djerradj et pour devenir l'Oued

Ouazern à partir de son entrée dans le Sahara.

On comprend combien une telle variété de noms en un espace relativement court est fait pour désorienter les voyageurs et les géographes. Ce n'a pas été chose facile de dresser, au point de vue de son hydrographie, la carte de l'Algérie, et l'on raconte à cet égard quelques anecdotes piquantes. Celle-ci, par exemple : Un officier chargé de la carte et se trouvant en présence d'un oued dont il voudrait savoir le nom, avise un indigène et lui demande, en rassemblant les quelques mots d'arabe qu'il connaît, comment s'appelle la rivière qu'ils ont devant eux. — *Manarf*, répond l'Arabe. — Et l'officier de noter sur son calepin, en attendant de faire graver sur la carte le nom d'*Oued-Manarf*. Emoi là-dessus de tous les arabisants qui ne connaissaient pas encore de rivière de ce nom. L'Arabe avait répondu en sa langue : « Je ne sais pas ». Et l'officier avait bravement écrit : Oued-Manarf, Oued-Je-Ne-Sais-Pas.

Nous sommes partis de Khanga-Sidi-Nadji au soleil levant, dans la matinée du lundi 28 mars. Notre route, — un sentier de mulets... arabes, légèrement rectifié par l'administration militaire — serpente dans la direction générale du nord-ouest, à travers les contreforts et les vallées de divers « Djebels » Djebel Taharat, Djebel Tirimbou, Djebel Cabou, Djebel Sfah, etc., qui tous se rattachent plus ou moins directement à la chaine du Djebel Chechar. Car il en est en ce pays des montagnes comme des rivières. Elles changent de nom presque à chaque tournant de la route, et chaque sommet un peu élevé est désigné par une mention particulière. Je ne suis même pas bien sûr que le même mamelon n'ait pas deux noms dans le pays, l'un arabe, l'autre berbère, et je suis moins sûr encore que la carte sur laquelle j'ai relevé ces noms divers les ait notés exactement. Là aussi il peut y avoir plus d'un *Djebel Je-ne-sais-pas* ou d'un *Mont Que-voulez-vous-dire*.

Mais que ces montagnes, quels que soient leurs noms, sont donc étranges, et qu'elles ressemblent peu à aucune des montagnes que j'ai vues jusqu'ici, en France, en Suisse, en Ecosse ou en Amérique! En Espagne, quelques parties des monts de Murcie ont bien cet aspect nu et désolé que donne l'absence complète de végétation, mais non ces couleurs d'ocre, de céruse, de carmin, de betterave cuite que donnent ici aux roches ou plutôt à la terre dans lesquelles les roches se désagrégent les diverses combinaisons chimiques qui y ont mêlé leurs cristaux. Il semble qu'on assiste, à la fin, à la décomposition d'un monde. Le terre a entendu comme l'homme la sentence : *Memento quia pulvis es et in pulverem reverteris :* Souviens-toi que tu n'es que poudre et que tu retourneras en poudre, et elle obéit littéralement en se transformant de roche en terre et de terre en poussière. J'ai eu plus d'une fois l'impression, quand je me trouvais sur une de ces cimes d'où l'on peut embrasser au loin tous les sommets environnants, en ne voyant partout où ma vue pouvait s'étendre que ces chaînons tordus et entrelacés en fouillis chaotique, de monts dénudés, jaunes, roses, violacés, que je n'étais plus sur notre globe terraqué, mais dans un monde nouveau, sur une planète toute différente de la nôtre. J'imagine que la lune que l'on dit un globe mort, sans végétation et sans eau, doit avoir de ces aspects, et je gage qu'un voyageur de la terre parcourant notre satellite ne trouverait pas sa surface beaucoup plus étrange et nouvelle pour lui que je n'ai vu, en cette matinée de mars 1887, ces montagnes de la lisière saharienne que je n'avais guère contemplées encore qu'à distance.

Pauvres montagnes, depuis si longtemps ravinées, pelées, excoriacées, calcinées et si belles encore grâce à la lumière qui les inonde, en leur aspect de squelettes rongés par le temps! Qu'en sera-t-il d'elles, si la terre continue de rouler sur son axe dans quelques siècles d'ici? Elles auront probablement achevé de tomber en ruines et auront agrandi l'aire du Sahara. Elisée Reclus, constatant ces phénomènes d'érosion des montagnes qui se retrouvent dans toute l'Algérie, fait la remarque que nulle part ils ne se lisent plus facilement que dans le massif de l'Aurès. « On dirait que la roche s'est délayée, fondue pour ainsi dire, dans un courant diluvial, et d'énormes amas de débris rejetés en dehors des gorges dans la dépression saharienne, nous montrent les roches triturées de l'Aurès, déposées de nouveau sous forme de cailloux, de sables et d'argiles. En quelques endroits, des masses de rochers se sont écroulés d'un bloc comme des piliers minés à la base, et leurs décombres s'élèvent en barrage en travers des vallées. Ailleurs il ne reste plus, de montagnes et de chaînes entières, qu'un témoin des assises anciennes, une table isolée, plus ou moins haute, d'ordinaire utilisée comme citadelle par les tribus de la contrée, grâce aux facilités de défense qu'offrent les strates supérieures, coupées de falaises, ceintes d'éboulis, offrant dans leurs dépressions un peu d'eau de pluie ou de source. A l'ouest de l'Aurès, le Djebel Chechar ou « mont des cailloux » et les montagnes des Nememcha ont aussi leurs châteaux naturels, transformés en lieux d'asile pour les indigènes. La hauteur moyenne de ces monts sud-orientaux de l'Algérie est de 1200 à 1400 mètres. »

Dans un autre endroit, le même auteur parlant des dunes de l'Erg et expliquant qu'elles sont de formation contemporaine, écrit ce qui suit : « Si les Vosges, montagnes de grès et de sables concrétionnés, se trouvaient sous un climat saharien, elle se changeraient bientôt en un amas de dunes comme celles du désert africain ; de même les calcaires triasiques de la Lorraine deviendraient des *hamâda*, plateaux unis, dépourvus de toute végétation. »

Ainsi la chaleur extrême comme le froid extrême auraient bientôt fait de rendre notre planète inhabitable. Comme il est bon de rattacher ses espérances à quelque chose de plus durable que ce sol qui nous porte et qui, si riant qu'il soit en beaucoup de ses aspects, pourrait n'offrir un jour que désolation et ruine. Et en se rappelant que cette terre doit en effet « passer » pour faire place à une terre nouvelle où la justice habitera, qu'il est bon d'avoir pour ancre de salut la foi en cette Parole de Dieu d'où cette justice naîtra et qui, elle, « ne passera point! »

Nous chevauchons longtemps, montant, descendant, remontant encore, sans trouver trace d'habitations, ni rencontrer âme qui vive. Il semble que nous soyons les seuls habitants de cette planète inconnue où quelque génie nous aura subitement transportés. Cependant à un détour du sentier, nous avons devant nous un sommet qui nous apparaît couronné d'un troupeau de jolis petits ânes noirs. Avec son imagination méridionale, Tartarin de Tarascon eût trouvé là l'occasion d'un combat légendaire, héroïque à livrer. Les braves « bourriquots » sentent-ils que le redoutable « tueur de lions » n'est pas dans notre troupe? Toujours est-il qu'ils nous regardent venir sans broncher avec une curiosité confiante, et mêlée, je crois, de sympathie. J'ai toujours aimé, quant à moi, cette brave race asine et toujours protesté contre l'injurieux mépris qu'on affiche d'elle en faisant du nom « d'âne » un synonyme de stupide. Avec ses deux yeux vifs — moins atones en tout cas que ceux du cheval, — avec sa bonne tête ronde — où la ganache encore est beaucoup moins prononcée que chez le cheval, — l'âne m'a toujours paru plus intelligent que l'animal si magnifiquement chanté par Buffon : « la plus noble conquête que l'homme ait jamais faite... » Il est vrai qu'il a contre lui ses longues oreilles. Mais quoi? déparent-elles son visage, et le voudriez-vous avec des oreilles courtes, des bouts d'oreilles comme le cheval? Qui sait si ces longues oreilles, semblables à des ailes, ne sont pas le signe le plus incontestable de son intelligence supérieure, car on comprend mieux ce qu'on entend bien et les longues oreilles doivent apparemment mieux ouïr que les courtes. Puis, pourquoi critiquer chez l'âne ce qu'on admire si fort dans les cathédrales? Rappelez-vous le vers de Hugo, parlant justement des cathédrales gothiques et de leurs tours terminées en pointe.

> Dieu voit avec pitié ces deux oreilles d'âne
> Se dresser dans l'immense nuit.

Je réclame non pour les cathédrales, où la stupidité s'abrite, en effet, trop souvent mais pour les ânes. Si au lieu de rudoyer comme il le fait, de battre à tour de bras, de martyriser de toute manière ce brave et intelligent porte-faix, l'homme avait soin de lui, l'avait encouragé, dressé, paré, amélioré, par une sélection intelligente, avait institué pour lui des courses et des concours, je suis persuadé qu'on aurait obtenu des résultats magnifiques. Tels qu'ils sont, les ânes du Djebel Chechar, avec leur relative indépendance montagnarde, leur franc regard, leurs jarrets accoutumés à gravir les pentes des montagnes et leurs oreilles dressées au vent ont vraiment fort bon air sous la voûte des cieux. Ils paraissent pour le moins aussi contents de leur sort que nous du nôtre, et nous suivent longtemps de leur œil à la fois humide et clair, comme pour nous dire : « Etrangers, pourquoi passez-vous si vite? La brise est si bonne ici, et l'herbe, pour rare qu'elle soit, est si odorante! Quelle fièvre vous fait battre l'estrade et pourquoi ne demeurez-vous pas avec nous sous la voûte azurée de ce beau ciel ? » Il serait trop long d'expliquer à ces philosophes optimistes que l'herbe parfumée de leurs montagnes ne saurait suffire à tous nos besoins et qu'un sort implacable nous pousse vers les obligations, les étiquettes, les heurts et les ennuis de la civilisation de nos villes d'Europe, où fleurit le pessimisme de Schopenhauer et où un assassin peut tuer dans sa nuit trois femmes à coups de couteau, dans l'une des rues les plus fréquentées de Paris, sans être entendu de personne ni arrêté. Les ânes ne sont pas à la hauteur de ces raffinements de la civilisation humaine. Cela viendra s'il faut en croire les partisans de l'évolution à outrance. Souhaitons pour eux que cela vienne le plus tard possible !

***

Notre étape du lundi a été fixée à Djellal et nous forçons le pas de nos montures pour y arriver d'une seule traite et pouvoir nous y reposer dans l'après-midi. A mesure que nous avançons, les montagnes changent d'aspect et leurs flancs, moins excoriés, se recouvrent, par places, de végétation et de verdure. Voici même, de distance en distance, bordés de petits murs de pierre sèche comme on en voit dans le Poitou, des champs d'orge ou d'autres céréales. Voici des tombeaux de saints musulmans *(marabouts)*. Tout cela annonce l'approche d'un village, et, en effet, voici qu'on me signale, sur le revêtement d'une montagne jaune en forme de table, qui surplombe une vallée profonde, des saillies en forme de casiers, jaunes aussi et qui semblent ne faire qu'un avec la montagne. C'est Djellal. Il me faut longtemps écarquiller les yeux à travers ma longue-vue pour reconnaître des habitations humaines dans ces anfractuosités régulières qu'on dirait creusées dans le roc par les pluies ou les déchirures du temps. Mais enfin, à mesure que nous approchons et qu'on discerne mieux les pierres des maisons, il faut bien me rendre à l'évidence. C'est tout un gros village, presque une ville qu'on est allé percher — et depuis combien de temps! — sur cette haute table de rochers. Nous approchons toujours plus, et déjà l'on peut distinguer, debout derrière les murs de leur enceinte en pierres sèches, toute une foule d'hommes en burnous qui nous regardent curieusement venir. Ils vont, viennent, courent, s'agitent, discutent, et quelques-uns mêmes crient furieusement. A considérer cette agitation, ce mouvement, ce bruit, on voit bien, — quoiqu'ils aient tous le costume arabe — que ce n'est pas à des Arabes que nous allons avoir affaire. Où est le flegme extraordinairement stationnaire et silencieux de ces derniers ?

Cependant notre sentier, qui s'est élargi comme un chemin d'Europe, descend au milieu d'arbres fruitiers tout en fleurs, puis il remonte, descend encore dans une sorte de douve qui forme, du côté le plus accessible, l'enceinte du village, puis remonte enfin brusquement pour passer sous une porte rustique qui est la porte de la ville. Nous sommes dans les rues de Djellal, rues étroites et tortueuses qui serpentent au milieu des maisons de pierres. Toutes ces maisons se ressemblent et paraissent copiées les unes sur les autres. Les assises de ces pierres mal équarries ou même rondes sont superposées et maintenues au moyen d'un grossier ciment de boue sèche. Elles ne tournent du côté de la rue que la surface d'un mur sans fenêtre, à peine percé d'une ouverture basse. Cette ouverture donne sur une petite cour, et c'est là que se trouve, à l'abri des regards inquisiteurs, l'entrée principale, la seule entrée plutôt de ces pauvres maisons. Toutes ces maisons n'ont d'ailleurs que le rez-de-chaussée et le toit plat ou plutôt concave qui les recouvre semble fait plutôt pour retenir les eaux — qui doivent crever plus d'une fois le toit — que pour les évacuer. Les maisons en ruines, et dont le toit s'est effondré, alternent presque avec les maisons habitées, mais on ne se donne pas la peine de relever ces ruines. Le tout a un cachet de misère et d'incurie qu'on ne trouve, sans doute, au même degré, que chez les nègres du centre africain ou chez les Peaux-Rouges de l'Amérique du Nord. Nous nous hâtons de passer, de traverser le village pour sortir par une autre porte, et nous nous félicitons qu'on ait établi notre campement en dehors de ces murs et loin de la vermine qui doit les remplir. Nos tentes sont en effet déjà dressées dans de petits enclos qui s'étagent les uns sur les autres sur le flanc d'une montagne qui fait vis-à-vis au village. Mais si jamais nous eûmes à prendre notre parti d'habiter une maison de verre, c'est bien là. Tout un peuple nous entoure, nous considère, épie nos moindres mouvements. Il semble que toute cette population de Djellal n'a pas d'autre occupation ce jour-là que de dévisager les « nobles étrangers » qui sont venus la visiter. Nos spahis ont fort à faire de tenir les importuns à une distance raisonnable.

Un moment, dans l'après-midi, je cherche la solitude et le repos à quelque distance du camp, à l'ombre de vieux oliviers qui bordent une ravine au fond de laquelle murmure et clapote un frais et joli filet d'eau. Vaine recherche ! Je suis bientôt aperçu, puis rejoint par une douzaine d'indigènes qui s'efforcent d'engager la conversation avec moi. Mais comment leur parler, moi qui ne sais ni le *chaouïa*, leur langue maternelle, ni l'arabe dont les plus doctes d'entre eux savent quelques mots. J'appelle à mon secours le *sabir*, cette langue bizarre formée de fragments de tous les idiomes parlés dans les ports du Levant où : « pas bon ! » se dit : « *Macache bono!* » et « très bon » : « *Bezef bono* ». En y ajoutant le secours des gestes, cette langue innée et intelligible à tout le genre humain, nous arrivons à pouvoir échanger quelques idées, et, le croirait-on ? au bout d'une heure, nous avons déjà improvisé un argot bizarre dans lequel nous finissons par nous comprendre réciproquement. Je leur ai prêté ma longue-vue, et ils sont si étonnés de voir comme à deux pas des personnes, des objets de leur connaissance qui sont à cinq cents mètres ou à un kilomètre de nous! Il faut les entendre pousser des exclamations d'admiration. Ma montre — il est probable que jamais instrument d'horlogerie n'a pénétré dans leur village — a aussi le privilège de les intéresser beaucoup, et avec quelle attention et quelle surprise ils en examinent les ressorts, en écoutent le battement intérieur. Tout ce qu'ils voient, tout ce que je leur dis de nos navires, de nos chemins de fer, de l'eau qui se gèle chez nous en hiver et peut porter des hommes, les confirme dans cette opinion qu'ils ont déjà entendu exprimer, que les Français sont des espèces de sorciers qui commandent aux *djinns* et aux forces de la nature. « Vous pouvez tout faire, répètent-ils communément. Il n'y a que la mort que vous ne pouvez dompter. » Je tâche, en ma langue improvisée, de leur parler de Sidna Aïssa, du Seigneur Jésus, et je leur distribue quelques feuilles illustrées avec des textes de l'Evangile en arabe qu'ils se feront lire par l'iman ou par le khodja du village. Mais là aussi, je m'as sure que pour faire pénétrer l'Evangile au cœur de ces braves Berbères, il faudra dissiper d'abord plus d'une prévention qu'ils ont contre tant de *Roumi* qui représentent si mal l'esprit chrétien. « *Francès, macache bono*, me disent-ils plusieurs fois en plaisantant. *Arabes plus bono!* » Nous nous quittons cependant bons amis, et j'espère qu'ils auront admis que Français ou Roumi ne sont pas tous forcément logés à cette enseigne : « Macache bono! »

XIᵉ LETTRE

Une excursion dans un village aux environs de Djellal.
— Aspect du village. — L'intérieur d'une habitation
Kabyle. — Un mendiant mal satisfait. — Retour à
nos tentes. — Tizigrarine. — Un village perché
comme une aire. — Nous longeons l'Oued des Beni-
Barbar. — Zaouïa et ses oliviers. — Une inscription
romaine. — Arrivée à Tamerga.

Tamerga, 29 mars 1887.

Djellal, le lieu de campement que j'ai décrit dans ma dernière lettre, est comme le chef-lieu d'un petit district de villages sis en amont, le long de la vallée ravinée qui s'élargit au-dessous de Djellal pour aller plus au sud déboucher dans la vallée des Beni-Barbar. Nous apercevions ces villages de notre camp. Nous avons eu la curiosité, Mme W... et moi, d'aller visiter le plus prochain et sur l'expression de notre désir nous avons tout de suite trouvé dix guides obligeants pour un dont nous avions besoin et dont nous aurions même pu, à la rigueur, nous passer. Mais allez donc refuser les bons offices de braves gens qui sont fiers de vous faire escorte et qui tiennent à vous faire eux-mêmes les honneurs de leur village. Mohammed, notre brave spahi, est avec nous, le fusil sur l'épaule, moins pour nous protéger, car nous ne nous sentons pas en danger, que pour chasser aux perdrix inoffensives qui hantent ces gorges. Il est, encore plus que nous, grâce à son fusil et à son grand burnous rouge, le personnage de la troupe, celui sur qui tous les yeux sont braqués. On n'éprouve pour nous que de la curiosité, et c'est un sentiment vite épuisé, tandis qu'il est évident que Mohammed, son burnous et son fusil excitent l'admiration. Un jeune homme de la troupe saisit le moment où le héros, après un essai de tir, d'ailleurs malheureux, sur des *khangas* qui venaient d'être levées, allait remettre son fusil en bandoulière, pour s'offrir à porter ce précieux fardeau. Le *spahi* le lui confie, et l'autre de le prendre à deux mains et de le porter avec tout le respect et toute la fierté d'un prêtre portant dans la rue l'ostensoir où il a enfermé son « bon Dieu. »

Nous faisons ainsi notre entrée dans le village déjà annoncé et signalé depuis longtemps. Le village dont j'ai oublié le nom, ressemble à tous les villages kabyles. Un mur en pierres cimentées de boue en fait le tour et des ruelles étroites circulent à travers les maisons qui semblent toutes copiées sur le même modèle. Nous entrons, sur l'invitation des propriétaires ou des voisins — nous ne savons pas au juste — dans une de ces habitations. La première porte franchie, en nous courbant, nous sommes dans une sorte de couloir qui débouche sur une petite cour avec des réduits à droite et à gauche qui servent à la fois d'étable aux chèvres ou aux moutons, de grenier pour les provisions et de cabinet de débarras pour des instruments et des ustensiles de toute espèce, tout cela pêle mêle, jonchant le sol dans un désordre qui n'est pas assez beau pour être « un effet de l'art » et qui n'est évidemment qu'un effet de l'incurie propre à ces gens. Un autre réduit qui est au fond de la cour est réservé pour le logement de la famille, mais il est probable que d'autres habitants que les hommes y ont élu domicile et que les hôtes parasitaires et plus ou moins microscopiques n'y manquent pas. Nous nous penchons encore pour pénétrer dans ce réduit qui ne prend le jour que par la porte et par de petites embrasures carrées qui servent à la fois de fenêtre et de cheminée. Le désordre n'y est guère moindre que dans l'étable, car nous apercevons dans un fouillis indescriptible des enfants qui grouillent demi-nus couchés sur le sol; un chien, sorte d'épagneul commun mâtiné de roquet, qui aboie à nos talons et que notre escorte menace de pierres pour le faire taire; la ménagère de céans sous la forme d'une femme kabyle au teint relativement frais et à la figure assez souriante; puis, un métier à tisser la laine, un moulin fait de deux pierres superposées que les femmes roulent l'une sur l'autre pour moudre l'orge et faire le couscouss; puis, que sais-je encore ? un lit ou du moins ce qui doit en servir ; dans un coin, une batterie de cuisine, des volailles, des œufs dans un panier que la ménagère de céans s'empresse d'offrir à Mme W... en signe d'hommage. Qui a vu l'une de ces femmes les a vues toutes, sauf les différences d'âge. Qui a vu l'une de ces maisons les a vues toutes aussi, et même ici la différence d'âge s'efface ; elles semblent toutes dater du même temps, celles qui ont été bâties d'hier paraissent aussi vieilles que les autres. Tous les chiens sont aussi de la même espèce hargneuse et bâtarde, et s'il y a des différences, suivant les fortunes, dans le nombre des poules ou des chèvres, elles ne sont pas de celles qui puissent frapper l'étranger.

Quelques sous ou piécettes blanches que nous donnons aux enfants du village sont accueillis par les uns avec de bons sourires, par d'autres avec des cris et de grosses larmes : ce sont les plus petits à qui notre présence fait peur et qui nous prennent, sans doute, avec notre costume si nouveau pour eux, pour des croquemitaines. Des gâteaux feraient mieux pour calmer leur chaude alarme que ces pièces de cuivre dont ils ignorent l'usage, mais nous n'en avons pas, et les petits crient toujours. En vain les mamans, les grands frères tâchent de rassurer les petits. Peine perdue; notre départ seul pourra ramener l'équilibre dans ces petites poitrines soulevées par la peur. Nous partons donc et passons pour revenir sous une longue porte couverte comme il en est dans tous ces villages, — comme il en était déjà dans les petites villes du pays de Canaan au temps des juges d'Israël. — C'est là que les anciens du village se tiennent d'ordinaire assemblés, devisant ou silencieux, quelques-uns, comme nous l'avons vu surtout dans les villes du Djerid, tissant des *haïcks* ou d'autres étoffes qui servent à la toilette des Arabes, hommes ou femmes. Nous saluons en passant ces doyens du village qui se lèvent eux-mêmes pour nous saluer, touchent de leur main notre main ou nos vêtements et la portent ensuite respectueusement — leur main — à leurs lèvres, C'est la forme ordinaire du salut arabe. Un de ces vieillards, que j'eusse pris à sa noble prestance pour l'un des principaux du village, nous a vu donner quelques sous à un mendiant paralytique. Il pense que notre bourse est inépuisable et tend à son tour la main vers nous. Un peu surpris que ce noble vieillard nous demandât l'aumône, je fouille pourtant en mon gousset et, n'y trouvant que six sous, je les lui donne. Mais le vieux murmure ; il attendait davantage, — voyez-vous cela ! — et exprime assez haut son mécontentement dont le spahi me traduit les termes. En attendant, sa dignité ne s'offense pas de garder mes six sous. Mais vrai ! si j'ai jamais regretté une aumône dans ma vie, c'est bien celle-là.

Nous revenons, suivis par les aboiements des chiens et accompagnés par le jeune Berbère toujours fier de porter le fusil du spahi. Les ombres du couchant se sont allongées dans la vallée. Les abricotiers, les pêchers et les amandiers qui s'enchevêtrent, mêlés aux figuiers, dans les petits vergers qui bordent notre chemin, nous envoient les parfums suaves de leurs fleurs. La montagne, en bas de laquelle serpente notre sentier, qui frôle d'autre part un ravin profond et abrupt, a détaché de son sommet d'énormes blocs de roches qui en jonchent les pentes et empêchent toute culture un peu extensive. Mais les arbustes que j'ai nommés et d'autres encore dont je ne sais pas les noms, ont trouvé moyen de croître dans les interstices de ces roches et les milliers de fleurettes qu'a fait éclore le printemps marient leurs douces senteurs à celle des arbrisseaux. Ce ne sont pas les verts tapis des prairies de France à l'herbe fraîche et drue. On sent qu'ici l'herbe et la fleur ont un combat à livrer pour vivre contre les ardeurs du soleil et contre les vents desséchants du désert. Dans quelques jours elles seront fanées, et bonnes seulement à être jetées au four. N'importe ! elles n'en ont que plus de prix et leur parfum n'en est que plus suave. Je remarque surtout une petite fleur rouge, du genre des papavéracées, qui a l'aspect d'une rose de Jéricho, et des touffes d'une autre plante de l'espèce des liliacées qui projette superbement en l'air ses clochettes d'argent. L'air est tiède et la brise douce. Ce ne sont plus les chaleurs estivales des jours précédents quand nous arpentions sous le chaud soleil du midi les longues étapes du Sahara. En montant à cette altitude nous avons retrouvé le printemps. Il fait bon là. Tout y parle de paix, et je suis presque choqué d'entendre tout à coup, au milieu de cette paix de la nature et de l'âme, l'éclat d'un coup de fusil. C'est le spahi Mohammed qui tire de nouveau après une volée de perdrix et qui, d'ailleurs, les manque. Nous revenons à nos tentes sans avoir laissé de traces de sang derrière nous.

Nous levons nos tentes, à six heures, le matin du 29 mars et quittons le campement de Djellal. Nous sortons de la ville par la même porte qui nous y a donné accès, mais tournons ensuite à gauche, et passons au pied de la montagne perpendiculaire sur laquelle Djellal est assise. Notre sentier franchit la rivière qui coule au fond du ravin, puis remonte et recommence à serpenter le long de collines ou de montagnes plus ou moins arrondies. Ce sentier porte partout les traces de retouches récentes. Sachant que leurs autorités militaires et civiles allaient visiter leurs cantons, les gens du pays ont fourni des corvées pour réparer le chemin que leurs chefs devaient suivre : une grosse pierre a été enlevée ici, une fondrière a été bouchée là, des mottes de terre ont été déplacées ; on peut voir jusqu'à des traces de balai sur la poussière. Je songe au passage d'Esaïe : « Préparez au désert le chemin du Seigneur ; aplanissez ses sentiers dans les lieux arides. » Il est probable que l'image est prise de ce qui se faisait dès lors pour faciliter les voies aux puissants de la terre et à leurs cortèges quand ils devaient parcourir un pays où l'on voulait, par crainte, sinon par affection, leur souhaiter bienvenue. L'Orient est immobile dans ses coutumes, et je remarque encore une fois combien une visite en ces pays donne l'intelligence du langage de la Bible en rendant sensibles, en quelque sorte, les métaphores dont son style abonde.

Tout aplani et balayé qu'il ait été pour faire honneur aux chefs de notre caravane, le sentier que nous suivons ne vaut pas nos routes de

France et laisse encore, cela va sans dire, beaucoup à désirer au point de vue de la rectitude et de la largeur. Il serait absolument impossible de marcher deux de front sur cette étroite lisière ; aussi chevauchons-nous en file indienne. Un spahi ouvre la marche à quelque distance devant nous ; puis viennent les cheicks des plus prochains villages qui se relaient pour nous accompagner... L'arrivée et le départ, « l'entrée et l'issue » de ces cheicks forment toujours l'un des plus pittoresques incidents de la route ; dès qu'ils arrivent à proximité de notre colonne, ils mettent respectueusement pied à terre, laissant leur cheval à quelque distance du chemin, viennent faire leurs salutations (*salam alekum*) au commandant et aux personnes de sa suite, baisent dévotement le burnous du caïd, puis remontent en selle et piquent de l'avant pour prendre leur place en tête de notre colonne. Tous ces cheicks ont un burnous rouge, insigne de leur dignité, qui leur est remis, au moment de leur nomination, par le commandant du cercle. Ce burnous rouge confère à celui qui le reçoit l'autorité de chef de son village ! Notre institution des maires ne donne pas une idée exacte de ces fonctions, car le *cheik* est, sous l'autorité de ses chefs, un véritable petit souverain local, cumulant les fonctions de maire, de percepteur, d'officier de police judiciaire, de capitaine de recrutement et que sais-je encore ? Il faut d'ailleurs lui rendre cette justice que s'il représente, et durement peut-être quelquefois, l'autorité du pouvoir central vis-à-vis de ses administrés, il est d'autre part, dans la plupart des cas, le représentant naturel des populations indigènes et l'intermédiaire de leurs vœux, l'écho de leurs doléances auprès de l'administration française. D'un village à l'autre, il y a souvent comme chez nous d'une commune à l'autre — les hommes sont partout les mêmes — des conflits de voisinage. Tel village réclame un droit de pâture sur telle portion de territoire que le village voisin prétend au contraire lui appartenir en propre. De là des querelles où les *cheiks* sont mêlés, chacun prenant naturellement parti pour son village et en soutenant les prétentions. Le commandant W... est saisi au cours de notre voyage d'une foule de contestations de ce genre. En bon chrétien qu'il est, il conseille aux parties de s'entendre à l'amiable et d'éviter les frais de justice qui pèsent toujours lourdement sur les plaideurs et plus lourdement encore peut-être sur les plaideurs indigènes; mais quand il ne peut réussir à rapprocher les adversaires, il les renvoie au *cadi*, qui est le juge des indigènes, mais qui juge souvent, dit-on, selon la méthode de Perrin Dandin dans l'*Huître et les Plaideurs*. « Les plaideurs ne sortiront pas de là qu'il n'aient donné jusqu'à leur dernier quadrain. » Qu'ils feraient bien mieux, dans la plupart des cas, de suivre les conseils de l'Evangile et d'abandonner l'objet du litige qui souvent ne vaut pas le quart de l'argent que leur coûteront les seuls frais des procédures de première instance !

Mais revenons à notre file indienne. Après les cheiks vient le commandant, puis Mme W..., puis le petit Robert qu'un Arabe tient dans ses bras — quand je dis « Arabe » il faut ici entendre un homme du pays, un Berbère, mais en Algérie on n'y regarde pas de si près et l'on appelle volontiers tous les indigènes des Arabes, — puis votre serviteur, puis le caïd Si-Hasseïn, puis les autres spahis, puis à quelque distance en arrière, les muletiers portant nos bagages. Ce n'est pas que cet ordre de marche soit obligatoire ni irréfragable. Il y a compétition quelquefois tant du fait de nos mules que du fait de leurs cavaliers. Ce matin-là en particulier nous joûtons, Mme W., le petit Robert et moi, à qui dépassera les autres, et ce sont, avec des chances diverses dues à l'entêtement proverbial de nos montures, de véritables courses qui rappellent Longchamps de très loin, mais qui ne nous divertissent pas moins, surtout à cause des bons éclats de rire qu'elles arrachent à notre ami Robert qui met tout son cœur à éperonner son mulet et qui jubile quand il peut passer devant sa mère ou devant moi.

*
* *

Vers les dix heures du matin, après les péripéties de ces courses d'un nouveau genre, après mainte halte aussi pour cueillir les fleurs dont ces montagnes sont parées et dont Mme W. veut faire un bouquet, nous arrivons au pied d'un village plus étonnamment perché qu'aucun de ceux que nous avons vus encore, car ici, c'est de tous les côtés que la montagne en forme de cylindre sur laquelle les masures sont assises, surplombe perpendiculairement le fond de la vallée. Le village a nom *Tizi-grarine*, *Tizi* étant un radical berbère qui se retrouve dans *Zizi-Ouzou* et qui veut dire

« col. ». — Nous nous demandons en levant la tête vers cette aire inaccessible comment d'autres êtres que des aigles peuvent habiter à ces hauteurs, et nous nous demandons aussi comment les hommes qui y demeurent font pour monter à cette citadelle. Notre étonnement redouble quand nous voyons un cavalier apparaître au sommet de cette sorte de tour naturelle. Un homme, passe encore ! on sait que les hommes tiennent physiquement du singe, et suppléent par leur intelligence aux avantages que ces quadrumanes ont sur eux pour grimper aux arbres et aux rochers à pics. On m'a raconté d'ailleurs — et je n'ai pas de raison d'en douter — qu'en l'une de ces forteresses naturelles que les Berbères de l'Aurès et du Djebel Chechar ont utilisées pour y mettre leurs habitations, on n'a d'accès que par une corde qu'on s'attache aux flancs et que tire d'en haut un homme qui est préposé à cet office et qui est en quelque sorte le portier du village. J'imagine que c'est par quelque procédé de cette sorte qu'on se fait hisser jusque dans les murs de *Tizi-grarine;* mais comment un cheval, à moins qu'il n'ait les ailes de Pégase, peut-il parvenir à ces hauteurs ?... Mon étonnement diminue un peu quand, l'ascension du village nous étant proposée, je découvre un sentier qui a été habilement ménagé dans une fissure de la roche et qui, par tout un système d'escaliers, d'entailles dans le rocher, de fascines, de poutres jetées sur l'abîme, de pont-levis, nous mène en moins de cinq minutes jusqu'au sommet du mont cylindrique. C'est un véritable tour de force que d'avoir taillé ce chemin et l'ingénieur le plus habile n'aurait pas mieux fait ni à moindres frais. D'autant plus qu'à la moindre alarme, les conditions de sécurité qu'ont cherchées avant tous les habitants de Tizigrarine se retrouvent entières. Un ou deux coups de hache pour faire sauter deux poutres, pour abattre quelques fascines, et il ne reste plus trace de chemin et la citadelle se dresse de nouveau de toute sa hauteur inaccessible et farouche. Sans doute, de nos jours, avec les engins de l'artillerie moderne, la forteresse de *Tizigrarine* ne pourrait pas soutenir un trop long siège et ce serait bientôt fait de bombarder, des hauteurs voisines, ses pauvres maisonnettes, mais aux temps reculés — bien antérieurs à l'invention de la poudre à canon où cette « haute retraite » fut pour la première fois utilisée, — on peut imaginer quelle protection elle devait assurer à ses habitants. Les premières agglomérations de maisons en tout pays ont d'ailleurs été établies sur les plus hauts lieux qui se pouvaient trouver. Les Gaulois cherchaient les *Barrs* et les *Dunns* pour y dresser leurs villes. De même faisaient les Cananéens et les Israélites, et si David a établi son palais sur l'emplacement de l'aire d'Ornan le Jébusien, c'est que la cité des Jébusiens, avec la source qui coulait à son pied, formait une forteresse naturelle presque inaccessible de tous les côtés et, — surtout après les précautions qui furent prises par David et Ezechias pour assurer aux Jérusalemites la possession de l'eau, — parfaitement conditionnée pour soutenir un long siège. La question de l'eau est, en effet, en temps de guerre, la grosse difficulté pour des assiégés comme le seraient ceux de Tizigrarine. Ils ont bien des citernes taillées dans le roc qui retiennent l'eau de pluie et les dispensent d'aller chercher l'eau dans la vallée, mais ces citernes ont un fond, et s'il ne pleut pas durant le siège, la provision risque d'être bien vite épuisée.

Nous quittons Tizigrarine vers onze heures, et

nous nous dirigeons vers *Zaouïa*, le prochain village où nous devons prendre notre repas de midi. Notre chemin après le départ de Tizigrarine descend au milieu des oliviers, des figuiers et des lauriers roses, vers l'Oued des Beni-Barbar que nous traversons à gué et que nous longeons ensuite en le remontant sur sa rive gauche jusqu'à ce que nous arrivions à Zaouïa, le lieu marqué pour notre étape du milieu du jour. Zaouïa dont le nom actuel a été emprunté à une confrérie musulmane, a dû être autrefois, au temps des Romains, une place assez importante; car on y trouve à chaque pas des ruines romaines, des fûts de colonnes et des inscriptions. J'ai noté la suivante (une inscription funéraire) sur une large pierre encastrée aujourd'hui dans le mur d'une mosquée :

MARIO PROCESSIANO PATRIÆ DILECTO DIVI R... ET AVG VR.
DEC. MVN. BAD OVI.. VIXIT ANNIS XXXX ET... ÆMAR NAE. MATR.
NÆ VIXIT ANNIS TOTIDEM, DVOBVS VIRTVTIS ET CASTITATIS E...

Je donne de cette inscription ce que j'en ai pu déchiffrer, car il y a quelques mots dont je n'ai pu ni reconstituer les lettres, ni deviner le sens.

Ce qui rappelle encore l'œuvre civilisatrice des

Romains, c'est une admirable forêt d'oliviers plusieurs fois centenaires qui entourent le village actuel et qui donnent de l'ombre, des fruits et de l'herbe à ses habitants. Rien n'est imposant comme ces vieux troncs tordus et noueux, supportant leur couronne de feuillage d'un vert pâle et lustré. Il nous semble être entourés de témoins des vieux âges. Car tous ces oliviers antiques datent sûrement du temps des Romains. La preuve n'en est pas seulement fournie pas la tradition des gens du pays, elle l'est par la grosseur même et la vétusté de ces troncs.

Elle l'est encore par cette circonstance que les Arabes ne savent même pas entretenir cette riche plantation, incapables qu'ils sont, disent-ils eux-mêmes, de planter un seul olivier.

Nous sommes heureux de prendre notre repas et de nous reposer un moment sous ces voûtes vénérables. C'est un des endroits visités pendant mon voyage où je me sentirais le plus de dispositions à fixer ma demeure, et c'est un emplacement que je n'hésite pas à recommander aux missionnaires de l'avenir, quand ils entreprendront l'évangélisation de la vallée des Beni-Barbar. Outre que Zaouïa est au centre de cette vallée, et que la population du village semble particulièrement affable et bien disposée, il n'est pas de lieu, semble-t-il, où l'âme d'un Européen puisse se sentir plus « chez elle », plus en paix et mieux disposée pour rendre témoignage au Créateur et au Sauveur.

*
* *

De Zaouïa, nous prenons, en longeant toujours le cours de l'*Oued des Beni-Barbar*, le chemin de Tamerga. C'est un chemin pittoresque qui après avoir traversé la forêt d'oliviers dont j'ai parlé, nous fait passer et repasser la rivière au milieu des lauriers roses et des figuiers qui bordent ses rives. A droite et à gauche nous apercevons par instants dans les montagnes à pics qui bordent le vallée, des enfoncements ou des cavernes naturelles qui ont été évidemment la demeure d'anciens Troglodytes, car on peut encore apercevoir des pans de murs qui en défendaient l'entrée. Ces hommes-là non plus ne devaient pas être faciles à assiéger ni à surprendre. Mais comme nous sommes heureux pourtant de vivre en un temps et dans un état de civilisation où nous n'avons plus besoin, comme eux, d'être toujours sur le *qui vive?*, toujours prêts à disputer notre vie aux fauves ou à d'autres hommes, nos semblables, pires souvent que les bêtes fauves !

C'est en ruminant ces pensées, au bercement de ma mule, que j'arrive en vue de Tamerga, un autre village berbère, une autre forteresse naturelle que je décrirai dans ma douzième et dernière lettre ; car je vois bien maintenant que le nombre douze est un nombre fatidique, et que mon récit de voyage aura douze chapitres, comme l'Iliade et l'Enéide ont leurs douze chants. Mon professeur de rhétorique au lycée Charlemagne, le regretté Paul Albert, me disait bien, alors même que je me hérissais à l'épithète — j'eusse souhaité d'être un romantique ! — que j'étais un classique en dépit que j'en eusse. Classique soit, j'en ai pris mon parti à cette heure. Mon *Voyage* aura donc ses douze chants, pardon, ses douze chapitres. A bientôt la douzième et dernière lettre.

XIIᵉ ET DERNIÈRE LETTRE

Tamerga. — Notre campement. — Visite aux indigènes. — Un belvédère. — Ecole arabe. — Une femme Kabyle qui s'émancipe. — Où donc est-elle ? — Retour au camp — Encore la justice du commandant. — Nous quittons l'oued des Beni-Barbar. — La région des hauts plateaux. — Ruines, menhirs et cimetières. — La route des caravanes de Khenchela à Négrine. — Dérnier campement. — Le retour. — Trop de *baraka !* — Rentrée au bordj.

Khenchela, 2 avril 1887.

Quel admirable site que celui de notre campement au pied de Tamerga ! Nous sommes au centre d'un amphithéâtre de montagnes si régulier, si harmoniquement étagé qu'on dirait les gradins d'un Colisée immense. La rivière, dont un gracieux méandre baigne circulairement le pied des montagnes, semble tracer la lisière entre la place des spectateurs et celle des acteurs. Seulement, un cirque pareil, où plus d'un million d'hommes pourrait trouver place, n'a pas été construit pour notre race de pygmées. Les Grecs...

>...enfants chéris des filles de Mémoire

n'eussent pas manqué de placer ici la scène d'un de ces combats épiques entre leurs dieux et leurs titans que le vieil Homère et le vieil Hésiode contaient si bien. Et sous l'impression de ces mythes nés de leur imagination colorée, ils eussent institué dans cette plaine quelques-uns de ces jeux, isthmiques, olympiques, où se montrait l'adresse et la force de leurs éphèbes, où s'enflammait l'ardeur et la rivalité de leurs cités.

Pour le présent, cette arène ne voit d'autres champions que notre pacifique, quoique semi-militaire, escorte. Néanmoins ce tableau de *Khammès* occupés à décharger le bât de leurs mulets ou à dresser des tentes, de spahis attachant les pieds de leurs chevaux ou faisant flotter au vent leur rouge burnons, d'un chef militaire,— le grand chef, le *Khébir* du district— accompagné, chose nouvelle, de sa femme, de son enfant, d'un *khodja* venu des régions lointaines de l'Europe, tout cela pouvait bien éveiller la curiosité d'une population qui n'est point gâtée en fait de spectacles. Aussi n'étonnerai-je personne en disant que nous étions le point de mire de tout ce que Tamerga et sa banlieue comptaient d'yeux humains, et que de toutes ces masures, de toutes ces terrasses, de ces places et de ces toits, ces centaines d'yeux plantés sur des faces bronzées au sommet de burnous blancs, nous fixaient avec une curieuse et plus ou moins inquiète attention. Ils étaient pour nous un spectacle comme nous en étions un pour eux. Notre jumelle d'approche braquée dans leur direction et que nous nous passions de main en main, paraissait surtout les intriguer fort. Que pouvait être cette machine bizarre que nous nous appliquions au-dessus du nez et qui soudain nous faisait rire comme si devant nous se passait quelque chose de drôle? Se doutaient-ils que nous les voyions de si près et que leurs grimaces, leurs gestes d'étonnement étaient l'ordinaire motif de notre hilarité? Il est plus probable qu'ils soupçonnaient en notre lunette quelque arme nouvelle et insolite, quelque canon microscopique d'un nouveau modèle auquel il suffirait de mettre une mèche allumée pour faire sauter leur ville. Les *Roumi* n'ont-ils pas fait un pacte avec les *djinns* et dérobé tous leurs diaboliques secrets ?

Nos tentes installées et nos premiers rafraîchissements pris, nous nous proposons cependant d'aller les dévisager de plus près. Pendant que le commandant reste au camp pour régler quelques affaires de service avec les *cheiks* de la contrée, nous nous mettons en devoir, Mme W., le petit Robert et moi, de faire l'ascension de la montagne sur laquelle Tamerga est assise. Deux spahis nous escortent et notre cortège ne tardera pas à se grossir en route de ceux des indigènes que la curiosité plus forte que la peur pousse à nous considérer de près. La rivière franchie sur des pierres qu'on rapproche, l'escalade commence, et par un sentier dont les courbes atténuent fort légèrement les pentes abruptes, nous nous hissons, en nous aidant de la main les uns des autres, jusqu'à cette ville « située sur une montagne et qui ne peut être cachée aux yeux ». C'est de nouveau le passé lointain de l'humanité primitive et décrite dans les pays du « Vieux Testament » qui revit et reprend forme devant nous. Telle est Tamerga aujourd'hui, telles devaient être ces cités du pays de Canaan que conquirent à la pointe de leur glaive Josué et les suffètes hébreux qui vinrent après lui. Telles devaient être Hébron, Haï, Kirjath-

Jéharim, Jarmuth, qui avait pour « roi » Pircam, Lakis, qui avait pour roi Aphia, Eglon où « trônait » Debir, Hesbon où dominait Sihon, Aschtaroth où résidait Og, roi de Basan. Telle dut être Jérusalem, la cité forte des Jébusiens, au temps où Adoni-Tsédek régnait sur elle, avant que David ne la prît et n'y bâtît son palais, avant que Salomon n'y édifiât le temple de l'Eternel. Ici, il n'y a pas trace, non plus que dans la Jérusalem du temps des Juges, de palais ni de temple. Le « cheik » qui tient lieu des « rois » d'autrefois — cheik bien modeste, royauté bien déchue — habite, comme tous ses sujets, une maison de moëllons superposés dont un grossier mortier retient les assises jusqu'à la hauteur d'un simple rez-de-chaussée. Le temple n'est pas un édifice plus architecturalement remarquable. C'est une mosquée des plus humbles et qui n'a même pas un minaret. Une toute petite enceinte carrée au-dessus d'un toit plat sert aux exercices du *muezzin* quand il appelle à la prière. La terrasse la plus haute de la ville d'où l'on découvre le paysage de tous côtés et à plusieurs lieues de distance dans la direction de la rivière, appartient à un simple particulier. Nous demandons à y monter. On nous apporte des échelles. Nous entrons dans un labyrinthe de murs, d'escaliers, de soupentes ; à un endroit, l'échelle trop courte ne repose que sur une poutre branlante et c'est avec les poignets qu'il faut se hausser sur le toit. Mme W. et le petit Robert renoncent à entreprendre cette dangereuse escalade. J'aurai donc le regret d'être seul à admirer le beau panorama qu'on découvre de ce belvédère élevé. Mais qu'entends-je? Cette voix timbrée et grave, c'est celle de Mme W. Ce rire argentin, c'est celui du petit Robert. Et, en effet, au moment où je les attendais le moins, je les vois déboucher par une sorte de soupirail sur la terrasse où je suis planté. Les indigènes, voyant que l'issue par laquelle j'avais passé était impraticable pour Mme W. et pour l'enfant, s'étaient ingéniés à en trouver une autre. Ils avaient passé par d'autres maisons, suivi d'autres couloirs et d'autres escaliers. Peut-être même avaient-ils soulevé un toit comme dans l'Evangile. Toujours est-il qu'ils arrivaient et que je n'étais plus seul à admirer les perspectives de cette belle nature, sous ce ciel enchanteur.

Nous dévalons comme nous pouvons de ce belvédère, la descente étant plus difficile encore et plus scabreuse que la montée. Enfin nous nous retrouvons dans les rues de la ville et nous en suivons les lacets tortueux au milieu des murs qui font saillie, entre les portes qui s'entrebaillent pour donner passage à maint regard curieux. Ce sont les femmes de Tamerga, dont quelques-unes assez jeunes et jolies, qui tâchent de satisfaire ainsi leur curiosité sans s'exposer aux mercuriales de leur seigneur et maître. Mme W. à qui son sexe permet d'entrer là où ma présence serait un scandale, visite deux ou trois de ces demeures, au risque parfois d'être suffoquée par les odeurs composites qui sortent de ces huttes enfumées. Mme W. est la première européenne, la première chrétienne qui ait jamais mis le pied en ces lieux. Aussi tout en elle, sa physionomie, son port, son costume inspirent-t-ils une curiosité, un étonnement dont il est malaisé de se faire une idée. Une abeille tombant au milieu d'une fourmilière ne doit pas causer plus de remue-ménage dans le monde des fourmis, et certes Christophe Colomb, quand il débarqua sur le sol de l'Amérique, ne fut pas considéré avec plus de surprise par les indigènes. Mme W. nous raconte, en riant, les manifestations de la curiosité de ces femmes. Elles lui palpent les mains, le châle, la robe, le chapeau, comme pour s'assurer que tout cela appartient bien au monde réel, non pas au monde renversé. Mais l'idée d'un renversement du monde doit dominer, malgré tout, dans ces cerveaux frappés de stupeur, car voici — au renversement de tous les us et coutumes du pays — qu'une femme, une Fatma quelconque, entraînée par sa propre excitation, brave toute consigne, s'accroche au bras de Mme W. et se met à parcourir avec nous les rues de Tamerga. Elle frappe aux portes fermées, achève d'ouvrir celles qui ne sont qu'entrebâillées, se fait l'introductrice de Mme W... auprès de toutes les femmes de la ville, tâche d'en entraîner quelques-unes avec elle, et y réussit quelquefois, au mépris de toutes les prescriptions du Coran. Les indigènes de notre escorte ne savent s'ils doivent se fâcher ou rire de voir un tel scandale et sous les yeux de *Roumis* encore. Ils prennent pourtant le parti d'en rire, et vraiment il eût été difficile de faire autrement, tant cette musulmane en rupture de cellule rit elle-même de son équipée, tant elle paraît contente et fière de sa prouesse. Elle voudrait à toute force engager la conversation avec la dame *francès* et déploie toute la faconde de sa langue pour y parvenir. Nous faisons à notre tour de notre mieux pour être entendus d'elle, mais nous ne réussissons qu'à redoubler sa bruyante hilarité par les accents de notre idiome si nouveau pour ses oreilles, et c'est encore la langue des signes qui peut le mieux établir quelques liens d'intelligence entre elle et nous. Mme W. est la première à s'amuser de bon cœur de l'étrange *cicerone* qui s'est emparée d'elle, non sans redouter pour la pauvresse le châtiment de Sosie appliqué par un mari terrible :

> ... Mille coups de bâton doivent être le prix
> D'une pareille effronterie.

Est-ce la perspective du bâton marital qui se sera tout à coup montrée au coin de quelque venelle?... Toujours est-il qu'à un moment donné, tandis que notre attention était détournée sur quelque point de l'horizon, la dame nous a brusquement, et sans prendre congé, faussé compagnie. Quand nous nous retournons pour reprendre avec elle les signes interrompus, plus de Fatma ! Où donc est-elle ? Sa disparition a été plus soudaine que celle de Cendrillon quand sonna l'heure de minuit au bal du prince Charmant. Personne ne l'a vue s'éclipser, et nous la redemandons vainement à tous les échos de la rue. En vérité, c'est à se croire au pays des lutins et des farfadets.

Mais notre attention est bientôt reprise par un autre objet. Voici dans une espèce de cour élevée toute une volée d'enfants de huit à douze ans qui psalmodient, sur un air de cantilène, des versets du Coran qu'un maître d'école indigène leur indique sur une planchette de bois, du bout d'une baguette qui souvent s'égare sur leurs doigts. Qui n'a pas vu, en peinture si ce n'est en réalité, une de ces écoles arabes où l'on voit accroupis en cercle autour du maître, assis lui-même sur une natte, une troupe d'enfants à tête nue, rasée de court, sauf la courte mèche de l'occiput que tout bon arabe conserve pour laisser prise à l'ange qui, en cas de mort, doit l'enlever au ciel de Mahomet? Rien de pittoresque comme le tableau de ces groupes d'enfants, bruyants ainsi qu'une ruche d'abeilles. Rien d'abrutissant non plus comme le mode d'instruction qu'on leur donne et qui ne va qu'à ânonner, en les répétant jusqu'à satiété, les versets du Coran que leur instituteur leur serine.

La ruche est en émoi quand nous passons auprès d'elle, et toutes ces petites têtes innocentes et fraîches ont le nez et les yeux tout grands levés vers nous, épiant curieusement tous nos mouvements. La cantilène est par le fait interrompue, quoique deux ou trois écoliers, les plus rapprochés de la baguette du maître, la marmottent encore de mémoire pour éviter les coups. Nous nous approchons du groupe et remettons au maître, qui paraît flatté de l'attention, quelques-uns de nos traités en langue arabe. Les enfants reçoivent aussi, et avec quel plaisir ! nos versets de l'Evangile historiés de jolies arabesques. Puissent ces passages de l'Ecriture vraiment inspirée se graver dans ces jeunes têtes ! Combien nous souhaiterions de pouvoir donner à ces enfants de vrais instituteurs leur enseignant avec intelligence les saintes lettres au lieu de ce fatras indigeste et malsain du Coran ! Quand ce pays sera-t-il rempli de missionnaires de l'Evangile ? Quand ces jolies petites têtes seront-elles éclairées des rayons de la pure lumière de la vérité ? O Dieu, quand ?...

Notre curiosité est satisfaite. Nous avons parcouru la ville berbère dans toute sa longueur et dans toute sa largeur. Nous descendons et reve nons à nos tentes. Un autre spectacle nous y attendait. Une musulmane voilée, mais dont le voile à demi soulevé laissait voir des traits distingués et qui eût passé pour une belle femme en tous pays, a été amenée devant le commandant faisant office de juge. Deux indigènes à sa droite et à sa gauche plaident en leur langue avec une volubilité passionnée. De quoi s'agit-il ? On nous explique le cas, qui est assez obscur et qui requerrait toute la sagesse judiciaire de Salomon. Ce que nous en comprenons de plus clair, c'est que les deux hommes prétendent également l'avoir pour épouse et invoquent, à l'appui de leur réclamation, la paternité de l'enfant qu'elle tient dans ses bras. La voix publique prétend que la dame est de mœurs légères. Qui l'eût cru à voir son attitude si digne et ses yeux si pudiquement baissés ? Elle attend, muette et comme étrangère au débat, la sentence que le commandant va prononcer. Il paraît lui être indifférent d'appartenir à l'un ou à l'autre des réclamants. Le commandant, après avoir vainement essayé de dénouer cet écheveau fort emmêlé, et de faire entendre raison aux deux parties, prend la décision de n'en pas prendre, et renvoie cette cause grasse au tribunal du cadi. Les réclamants s'en vont, emmenant la femme entre eux deux et continuant de s'invectiver. Comment cette dispute finira-t-elle ? Si notre *Khébir*, renouvelant la sentence du roi d'Israël, eût prescrit de couper en deux la femme et l'enfant et d'en adjuger la moitié à chacun des contestants — un arrêt qui n'aurait peut-être pas trop surpris ces imaginations orientales — peut-être un cri du cœur, échappant à l'un d'eux, eût-il fait reconnaître, séance tenante, le vrai mari et le vrai père.

Le point du jour du mercredi 30 mars nous trouve occupés à nos préparatifs de départ. Nous quittons Tamerga pour nous avancer dans la direction du nord, la direction du *home*! Mais ce ne sera pas encore cette journée qui nous ramènera au *bordj* de Khenchela. La traite serait trop longue et trop fatigante pour nos bêtes et pour nos gens. Il est donc décidé que nous ferons encore un campement à la belle étoile la nuit suivante et que nous ne rejoindrons le foyer de mes hôtes que le dernier jour de mars.

Le chemin que nous suivons descend une vallée,

contourne une montagne, puis nous amène sur un plateau qui s'étend à perte de vue devant nous. C'est cette région des « hauts plateaux » qui forme une des zones de l'Algérie et qui, un peu plus étroite ici, un peu plus large ailleurs, va de la Tunisie au Maroc en traversant l'Algérie tout entière et sert de limite méridionale au *Tell*, c'est-à-dire au pays cultivable et colonisé. La température est toujours assez fraîche sur ces plateaux, qui sont à une altitude moyenne de 1,000 à 1,200 mètres au-dessus du niveau de la mer. Là, croît en touffes drues l'*alfa*, ou plutôt le *halfa* (avec *h* très aspirée), et cette plante vivace forme à elle seule, ou à peu près, toute la flore de cette région. On sait qu'elle est, dans le Sud oranais, l'objet d'une exploitation réglée, et qu'une compagnie, qui a obtenu du gouvernement le monopole de l'extraction de cette plante textile, en expédie chaque jour d'énormes bottes en Angleterre où on la transforme en papier pour journaux. Le privilège donné à cette compagnie n'a pas été sans faire crier les indigènes qui, quoiqu'ils ne tirassent qu'un maigre parti du halfa, l'utilisaient cependant pour la nourriture de leurs bêtes de somme. En effet, nos mulets, qui s'écartent parfois du sentier pour en happer une touffe au passage, montrent qu'ils apprécient suffisamment les qualités nutritives de cette plante, et l'on comprend que les indigènes, propriétaires jusque-là incontestés de ces champs immenses, soient plus jaloux de nourrir leurs ânes que d'alimenter, à meilleur compte, sous forme de *news-papers*, les cerveaux de nos voisins britanniques. On assure que l'insurrection de Bou-Amama qui a commencé, on s'en souvient, par le massacre des journaliers espagnols occupés à l'extraction du *halfa*, est née en grande partie du mécontentement causé par l'octroi de ce monopole. Dans la région que nous traversons, la ferme du *halfa* n'a encore été donnée à personne. Le pâturage est public, et qui veut vient y brouter. Aussi, le commandant du cercle n'aura-t-il pas, de cette année encore, suivant toute vraisemblance, d'insurrection à réprimer. Le respect des droits acquis est encore le meilleur moyen d'éviter les soulèvements agraires, les plus dangereux de tous.

A raison de la monotonie du paysage, notre chemin d'aujourd'hui ne se prête pas aux longues descriptions. Qui a vu un de ces champs d'*alfa* les a tous vus, comme les champs de froment de

la Beauce ou les champs de seigle du Limousin.
Au surplus, le narrateur est, comme le voyageur
avec lequel il s'identifie, pressé d'aboutir. Je note
pourtant en passant un ou deux cimetières indigènes que nous trouvons sur le bord du sentier
que nous suivons, sans trop savoir à quelles populations ils offrent le dernier asile. Il n'y a point
de villages aux environs, et les nomades doivent
être fort clairsemés en ces lieux, car nous n'apercevons pas un *douar*, pas une tente de toute la
journée. Çà et là des ruines d'édicules de pierre
que les traditions locales rattachent, comme toujours, et d'ailleurs avec vraisemblance, aux anciens conquérants romains. Çà et là aussi des
dolmens, des menhirs, restes d'occupants encore
plus anciens et qui ressemblent en tout, quoique
les proportions des pierres soient un peu moindres, aux dolmens et aux menhirs de la Basse-
Bretagne. Dans des proportions plus réduites encore — car tout va, à certains égards, en diminuant sur notre pauvre terre, et les hommes d'aujourd'hui n'ont pas la stature des géants d'autrefois — notre mode des pierres tombales n'est-elle
pas la continuation de la coutume aussi vieille
que le monde de marquer par des pierres levées la

sépulture de ceux qui ne sont plus? — C'est la réflexion que je faisais tout-à-l'heure en passant près de ces cimetières indigènes dont j'ai parlé. Une pierre debout marque l'emplacement de la tête sous le sol, une pierre plus petite marque l'endroit où reposent les pieds. C'est assez pour dire au passant : Ne foule pas d'un pied profane ce sol où gît un être qui a vécu, aimé, pensé, lutté! Que faut-il de plus? Grâce nous est faite de ces inscriptions pompeuses et si souvent menteuses qui célèbrent « le bon époux, le bon père, le bon citoyen », ou qui promettent au mort des « regrets éternels ». La mousse qui s'attache vite au flanc des pierres — moins vite encore que l'oubli aux mémoires — se charge heureusement d'effacer ces légendes et de cacher le néant de ces épitaphes. L'homme mortel, éphémère, dispose-t-il de l'éternité pour garantir ces regrets éternels?

Nous passons, comme ont passé ces morts, sur le chemin de la vie « étrangers et voyageurs » n'ayant point « ici-bas de cité permanente. » Le rivage éternel est là-haut. Dieu nous donne d'y aborder près de lui! Et qu'une simple pierre sans autre inscription que ce verset de la parole de

Dieu : « Il a aimé son avènement ! » marque aux yeux du passant soucieux la place où repose le racheté du Seigneur !

**

En approchant de l'endroit où nous devons faire la grand'halte, l'aspect des lieux change un peu. Voici de nouveau des montagnes. Dans le lointain, à l'horizon, estompé de bleu par l'atmosphère, on me fait apercevoir le Chélia, la montagne qui domine Khenchela. A droite et à gauche d'autres sommets de la chaîne de l'Aurès. Nous atteignons une sorte d'étang d'où émerge une forêt de roseaux et qu'anime le coassement des crapauds. Ce chemin plus large où notre sentier s'embranche, c'est le grand chemin des caravanes qui se rendent directement de Négrine à Khenchela ; et à partir de ce point, la route qui incline au nord-ouest devient en effet plus fréquentée et de distance en distance, nous rencontrons des cavaliers ou des piétons indigènes qui se rangent respectueusement sur les côtés pour nous laisser place. Une rivière à l'eau limpide et courante sur les cailloux se trouve devant nous. Nous la passons, longeons et repassons encore. Elle s'engage dans un col qui sépare deux montagnes assez hautes. Sur le flanc d'une de ces montagnes est un petit village indigène au-devant duquel une sorte de grande aire tout à fait propice à l'installation d'un campement, a déjà vu se dresser nos tentes. C'est là que nous mettons pied à terre et que nous nous proposons de passer la soirée et la nuit.

De courtes excursions pédestres aux environs du village dont le nom m'échappe aujourd'hui, nous aident à achever la journée. Il y avait non loin de là, une station romaine assez importante encore reconnaissable aux ruines qui jonchent le sol dans un espace relativement étendu. Il y a là des pierres de taille symétriquement rangées et dont quelques-unes ont plus d'un mètre au carré. Nous remarquons dans un champ un énorme figuier dont le tronc noueux et tordu mesure, lui aussi, plusieurs mètres de circonférence. Il date naturellement des « Roumàn » comme les oliviers de Zaouïa, et nous ne voyons pas pourquoi nous nous inscririons en faux contre cette origine. Tout près de là est un verger plus moderne et dont les arbres, des abricotiers pour la plupart, promettent des fruits abondants, si nous en jugeons par les bouquets roses qui couronnent leurs branches, et si quelque orage ou quelque ouragan ne vient pas détruire en sa fleur la promesse de la récolte. Les habitants du village utilisent d'ailleurs fort intelligemment, par un système d'irrigation qu'ils ont hérité sans doute des Romains, les eaux de la rivière, et des troupeaux nombreux passent sous la garde de vieux pâtres, dans les vertes prairies à l'herbe fraîche et drue.

Mais j'ai parlé d'orage et voici que le ciel se couvre. L'atmosphère se charge d'électricité. Des éclairs illuminent l'horizon vers le nord, du côté de Khenchela. Nous rentrons vite pour éviter les gouttes de pluie qui commencent à tomber, grosses et lourdes, sur nos mains. Cependant, nous n'aurons que la queue de cet orage dont le centre, comme nous l'apprendrons le lendemain, s'est déchaîné sur Khenchela avec une violence furieuse, brisant par centaines les vitres des maisons et hachant feuilles et fleurs dans les arbres du jardin du bordj et des vergers environnants. Nous cependant, sans nous douter des dégâts qu'il opère en cet instant, nous nous couchons à la clarté de ses lointains éclairs et nous nous endormons d'un bon sommeil sous ces tentes dont nous allons quitter l'usage et auxquelles je commençais, pour mon compte, à m'habituer comme si je n'avais de ma vie connu d'autre toit.

*
* *

Raconterai-je notre voyage du lendemain 31 mars ? A quoi bon ? Le lecteur est autant que moi, je pense, pressé d'arriver au bout et je puis lui faire grâce, heureusement pour lui, des averses, des torrents de pluie, et de la marche pénible par les chemins détrempés, par les argiles glissantes, par les cailloux raboteux qui ont, pour notre ennui, marqué cette dernière étape. Il semblait que tous les éléments de la terre et des eaux se fussent conjurés contre nous à ce terme de la route, pour nous faire payer en un jour la faveur de toutes les belles journées précédentes. Notre troupe présentait un spectacle assez piteux sous cette pluie pénétrante et froide, nos montures glissant presque à chaque pas, nous tâchant et craignant à la fois de les presser trop fort et retenant du mieux que nous pouvions les grands manteaux à capuchons dont les spahis avaient abrité nos épaules. Nos vêtements ruisselaient comme des fontaines et la pluie, malgré tous nos soins, pénétrant par toutes les fissures du drap, nous transperçait jusqu'aux os. Nous fîmes une halte cependant, sur le coup du midi, pour nous restaurer, à l'abri d'une tente dressée en toute hâte dans une sorte de ravin abrité du vent sinon de la pluie, et vraiment les forces que nous prîmes dans ce repas sommaire ne furent pas de trop pour réchauffer nos membres engourdis et ranimer notre courage pour la course qu'il nous restait encore à fournir. Mais ce qui nous ranimait plus que tout le reste, c'était encore la pensée que Khenchela était maintenant devant nous et que chaque pas que nous faisions nous rapprochait d'une enjambée du terme du voyage. Nous nous frottions d'avance les mains à l'idée du bon feu que nos courriers étaient allés nous préparer dans nos chambres, du bon linge sec où nous capitonnerions nos membres mouillés et du bon fauteuil où nous nous étendrions devant l'âtre flambant en attendant la cloche du souper. Vraiment il faut avoir souffert pour bien apprécier les dons de la vie, et l'amertume de la vie nomade était venue pour nous juste au point où elle pouvait nous faire mieux sentir, par le contraste, la douceur de la vie domestique.

Vraiment Dieu est bien bon d'avoir mis des

POSTFACE

Oui, soyons reconnaissants ! Je sens, de retour au logis et à mes occupations habituelles, le besoin de dire encore ma reconnaissance envers Dieu pour le soin qu'il a pris des miens en mon absence, pour l'heureuse issue de ce voyage, pour ma santé bien rétablie, et aussi pour cet admirable don de son amour que, faute d'un nom meilleur, j'appellerai la sociabilité humaine et qui, sous l'influence d'un christianisme conséquent et vécu, devient si vite fraternité et charité.

Plus on voyage, plus on entre en rapport avec des hommes de races diverses et de pays divers, plus on est frappé — c'est du moins mon cas — de ce qu'il y a dans l'espèce humaine, sous les différences superficielles de détail, d'unité profonde, essentielle. Européens, Américains, Japonais, Arabes, Nègres, hommes du village ou hommes de la tente, peuvent se diversifier par mille traits de costume, de langue ou de mœurs. Approchez-les, vivez avec eux, tâchez de pénétrer dans leur for intime. Vous trouverez toujours, au fond, l'Homme; un autre vous-même, reflétant fidèlement votre être moral, avec ce mélange étonnant de grandeur et de petitesse, de néant et de gloire, de lumière et de boue qui inspirait à Pascal son morceau célèbre. Le mélange peut être inégalement mesuré suivant les individus : un peu plus de lumière ici, de boue là : un peu plus de science ou d'ignorance, de générosité ou d'égoïsme ; plus de vertu ou plus de vice ; des traits beaux ou des traits grossiers ; mais nulle part, même chez les natures qu'on croirait les plus viles, l'étincelle divine n'est entièrement absente, comme hélas ! nulle part, même chez les natures les plus éminemment belles ou nobles ne manque la tache qui permet d'abaisser l'orgueil. Les mêmes hommes qui, sous une suggestion fatale, en certaines occurences différentes, vous auraient tué peut-être et se seraient vantés de leur meurtre comme d'un exploit agréable à leur Dieu, deviennent, placés dans d'autres circonstances, vos défenseurs et se feraient tuer pour vous protéger. Je visite, avec un enfant, près de Khenchela une pauvre négresse pour voir l'intérieur de sa hutte ; j'obéis en le faisant à un pur sentiment de curiosité. Elle, trouvant le moyen d'agir en riche au sein d'une pauvreté infinie, pour nous montrer sa sympathie, va chercher un petit panier d'œufs toute sa provision, et veut absolument nous les faire emporter, refusant, avec une délicatesse extrême, l'argent dont je veux la récompenser. Combien cette pauvre négresse avait-elle, à ce moment-là, l'âme et le cœur mieux placés que moi

Le Don Juan de Molière, ce type de viveur s

épines aux roses et d'avoir mêlé des ronces aux fleurs et des orages aux beaux jours sur le chemin de notre vie. La satiété naîtrait vite en même temps que le dégoût d'un bonheur uniforme et ce n'est que parce que nous avons passé par des heures sombres et pluvieuses que nous pouvons goûter le charme profond des heures joyeuses et ensoleillées. Tout ce que le Père qui est aux cieux décide est bien décidé; tout ce qu'il fait est bien fait. « Toutes choses concourent au bien de ceux qui l'aiment », et puisque j'ai cité plus d'une fois la Bible en ces pages, je terminerai encore par une parole empruntée à saint Paul, et qui résume si bien le sentiment que j'ai rapporté de ce beau et heureux voyage : « Soyons reconnaissants ! »

frivole, si égoïste, si sceptique et si répugnant en somme, surpris faisant l'aumône à un pauvre, déclare qu'il l'a fait « pour l'amour de l'humanité ». On a pu citer maints athées ou se croyant tels à qui ce culte de l'humanité, cet amour instinctif pour leurs semblables faisait faire des merveilles. Tel, ce brave M. Schœlcher, qui a si bien défendu la cause des noirs et si mal jugé saint Paul et à qui M. Legouvé rendait l'autre jour un si beau témoignage. Il y a en France plus d'un athée heureusement inconséquent comme lui ; et combien n'y a-t-il pas, en dehors de nos frontières, de gens qui, adorant Dieu sous un autre nom que le nôtre, ou compromettant son culte — comme nous le faisons sans doute nous-mêmes trop souvent — par leurs superstitions grossières ou leurs fanatismes méchants sont, quoiqu'il en soit, capables de faire des actes de dévouement admirables « pour l'amour de l'humanité » !

Que ne devrions-nous donc pas faire, nous, chrétiens, disciples de ce Fils de l'Homme dont la doctrine a pu être définie par l'auteur d'un livre célèbre en Angleterre, *Ecce Homo*, comme étant, en somme « l'enthousiasme de l'humanité » ? Nous, qui proclamons, avec la Bible, l'unité originelle de l'espèce humaine, la dignité d' « enfants de Dieu » offerte à tous les hommes ? Nous qui avons entendu tant de fois Celui que nous saluons des noms de Seigneur et de Maître nous dire :

Aimez, aimez vos ennemis, ceux-là même qui vous outragent et vous persécutent, votre prochain juif ou samaritain, comme vous-même ! Nous qui sommes placés sous l'empire de ce Dieu qui est Amour et qui devons travailler à étendre sur la terre entière ce règne de l'esprit nouveau, qui a reçu dans la langue chrétienne ce beau mot d'Ἀγάπη, l'esprit de Charité, d'Amour !

Aimez vos ennemis, nous dit notre Sauveur. — et il y a auprès de nous, à nos portes, ou plus loin, chez les musulmans, les païens, tant de gens, (nos semblables, nos frères en la chair, os de nos os, sang de notre sang), tant de gens qui se considèrent comme nos ennemis et qui sont de notre famille, de notre famille, de la famille de Dieu. que nous avons à éclairer, à civiliser, à évangéliser, à aimer, à aimer surtout ! Nous avons à les aimer bien pour leur apprendre ainsi le fond de notre religion : le secret d'aimer mieux. Oui, Dieu soit béni de ce que, malgré tant de misères morales qu'ils traînent encore, comme des haillons, après eux, malgré trop de querelles et de disputes encore au foyer, il y a pourtant, dans l'enceinte de l'Eglise de Christ, à un degré éminent que le monde ne connaît pas, obéissance à la loi d'amour, développement de la charité ! Dieu soit béni de ce qu'on s'aime comme on s'aime, entre chrétiens enfants du même Père céleste, rachetés du même Sauveur, — quoiqu'on pût et dût sans doute s'aimer encore davantage ! Dieu soit béni pour ce signe sacré qu'il a mis sur ses enfants et qui fait qu'à distance, alors qu'on se rencontre peut-être et se voit pour la première fois, on se reconnaît, on se sent frères, enfants de la même Cité, unis pour la vie et pour l'éternité !

Que de barrières d'étroitesses, de haines, d'exclusivisme cette doctrine sainte a déjà fait tomber ! Que de barrières elle abaissera ou supprimera encore, jusqu'à ce que, terminant la trop longue histoire des guerres de races, de peuples, de castes, de sectes, de familles, l'Esprit de Dieu lui-même, esprit de paix, de justice, d'amour et de bonté soit, comme il est annoncé, « tout en tous » !

Nous avons de grandes tâches devant nous tant au dedans qu'au dehors : tâche de civilisation à propager, d'instruction à répandre, de moralité à affermir, tâche d'évangélisation par la parole de vie, tâche de mission vers les peuples encore plongés dans la vallée de l'ombre. Oh ! que notre cœur s'élargisse et s'élève pour être moins insuffisant pour ces tâches ! La victoire par laquelle le vieil ennemi, le péché, sera vaincu, c'est notre foi ; mais la victoire par laquelle notre ami du dehors, notre frère ennemi ou qui se croit tel, musulman, païen, incrédule, sera gagné, c'est notre charité. Ayons donc cette foi qui agit par la charité ! Ce sont les grands cœurs qui font les vrais grands hommes. Ce qui a fait la grandeur de ce Beecher dont l'Amérique déplore la perte et auquel notre ami, M. L.-J. Bertrand, consacrait un remarquable article dans le dernier numéro du *Signal*, ç'a été justement cet enthousiasme de l'humanité, cet amour puissant pour elle, cette foi au progrès, à l'idéal de justice et de fraternité qu'il rêvait pour elle ! Quoiqu'il ne fût qu'un homme, une simple unité humaine comme chacun de nous, quelle action féconde, bénie, cet homme a exercée sur la terre ! Et comme le règne de Dieu serait bientôt venu ici-bas si chacun, dans la mesure de ses forces, avait le même idéal devant lui, le même amour de l'humanité dans le cœur !

L'amour poussé jusqu'à l'abnégation, jusqu'au sacrifice de soi-même, l'amour qui se donne, comme il s'est donné en Jésus-Christ, jusqu'à l'immolation de sa vie pour le salut des hommes, ne saurait aller sans doute, sans que sonnent quelques heures sombres, échos de Gethsémané ou de Golgotha. Mais la souffrance de Golgotha n'est que d'un jour, et la gloire de la Résurrection est éternelle. Acceptons, s'il est nécessaire, — comme on subit volontiers pour avoir les joies de l'arrivée, les inconvénients du voyage — acceptons quelques-unes des tristesses du Vendredi-Saint pour voir le magnifique lever de soleil de la Pâque éternelle.

Versailles, 9 avril, veille de Pâques.

TABLE DES MATIÈRES

Pages

Préface... I

Lettre première. — Kheuchela. — Les confins de la colonisation. — En plein Aurès. — Sur la route du Sahara et du lac Triton (future Mer intérieure). — Comment me trouvé-je là ? — Mon étonnement de m'y voir. — Les curieux effets d'une grippe sur un conférencier en tournée à Lyon et à Saint-Etienne. — Par ordonnance du médecin. — En route. — Après quelques secousses par mer et par terre, heureuse arrivée. — Un bon gîte.................................... 1

IIe lettre. — Une visite aux ruines de Baghaïa. — La mise à l'épreuve d'un cavalier novice. — Tout va bien. — Une belle vue de l'Aurès. — Je rêve d'une Algérie reboisée. — Loin du rêve à la réalité. — Une contrée semée... jadis... de cités. — Les inscriptions de Baghaïa. — Son rôle ecclésiastique.— L'évêque Donat et les Donatistes. — Guerres et ruines. — Une vieille médaille. — « Reparatio ».— Un vieux pâtre de brebis. Roumân et Roumi. — Nos devoirs..................... 15

IIIe lettre.— Une vue sur la mer saharienne.—L'Orient. — Une nuit dans le pays des Mille et une Nuits. — Le réveil. — Quelque désenchantement. — Le voyage. — Notre premier campement.—Sous la tente. — La *diffi*

	Pages
— Retour à l'innocence primitive.— Pauvres moutons ! — Concert de chiens.— Un pays sauvage.— Premières oasis. — Contraste étonnant. — Les Chaouïa. — Un marabout bien renté. — Oasis d'Ouldja. — Arrivée à Khanga	29

IVᵉ lettre. — Le Sahara. — Aspect général : plat, sans banalité ; immense et mélancolique. — Le pays de la lumière. — Changement de caïds. — Le caïd Belkassem.— Les terres de parcours.—La fertilité du désert. — Fertilité fort aléatoire.— La pluie dans le Sahara — Pluies bénies! — Fleurs du désert et fleurs de l'âme. — Renouveaux à préparer. — Puits romains réparés par les *Roumi*. — L'eau saumâtre et les pessimistes. — Le mirage................................... 49

Vᵉ lettre. — Les joies de l'arrivée. — Des huîtres au désert. — Culte du dimanche. — Nos privilèges. — Un derwiche hurleur. — Pauvres Arabes. — Négrine. — Un télégraphe optique. — Une instruction judiciaire. — Coudiat-el-Maïsa. — Midàs. — Tamerza. — Un grand Marabout.. 67

VIᵉ lettre.— Un palais du Bey. — Se défier du mirage. — La ville de Tôzer. — De loin, c'est quelque chose, et de près... — Malpropreté et insalubrité. — Le plus pressé : couper court aux brigandages.— Un souvenir de P.-L. Courier. — Les Hammamas. — Une attaque nocturne. — Tout s'explique. — De Chebika à El Hamma. — L'impression d'un chott. — Encore le mirage! 85

VIIᵉ lettre. — Il pleut. — Les chotts après la pluie. — La Mer Intérieure. — Est elle faisable?— Un projet mort-né. — Les vrais besoins des Djeridiens. — L'ensablement des oasis.— Beauté de ces serres naturelles.

— Ce que vaut un palmier au Djerid. — Encore le fatalisme musulman! — Une défense entreprise. — Les bienfaits du protectorat français en Tunisie. — Abus subsistants. — Ce qui reste à faire............ 101

VIIIe lettre. — La pluie au Sahara. — Le départ. — Les dunes de l' « Erg ». — Citations de voyageurs. — Le Chott-el-Gharsa après la pluie. — Les « Barathres ». — Le tribut au gouffre. — Les vipères cornues. — Un ennemi des vipères. — Les puits d'Ouglet-Amar-Bougacha. — Retour à Négrine. — Foum-Zgag. — Arrivée à la Smala du caïd Si-Belkassem............ 123

IXe lettre. — Départ de Foum-Zgag. — Un atelier de silex préhistoriques. — Je voudrais être peintre. — La chasse à la gazelle. — Sur les bords de l'Oued-Ouazern. — Les deux caïds. — Causeries sur la religion. — La flore de Khanga. — Trop de mouches ! 145

X^e lettre. — Notre itinéraire de retour. — De quoi dérouter les géographes. — *L'Oued Je-Ne-Sais-Pas.* — Aspect de la nature et du sol dans les Djebels. — « *Pulvis est et in pulverem revertitur.* » Rencontre des lions... de Tartarin. — Arrivée à Djellal. — Un village haut perché. — Un « sabir » improvisé. — — « *Français macache bono.* »................. 161

XIe lettre. — Une excursion dans un village aux environs de Djellal. — Aspect du village. — L'intérieur d'une habitation kabyle. — Un mendiant mal satisfait. — Retour à nos tentes. — Tizigrarine. — Un village perché comme une aire. — Nous longeons l'Oued des Beni-Barbar. — Zaouïa et ses oliviers. — Une inscription romaine. — Arrivée à Tamerga............... 179

XIIe et dernière lettre. — Tamerga. — Notre campement. — Visite aux indigènes. — Un belvédère. —

Ecole arabe. — Une femme kabyle qui s'émancipe. — Où donc est-elle? — Retour au camp. — La justice du commandant. — Nous quittons l'oued des Beni-Barbar. — La région des hauts plateaux. — Ruines, menhirs et cimetières. — La route des caravanes de Khenchela à Négrine.— Dernier campement. — Le retour. — Trop de *baraka!* — Rentrée au bordj   199

Postface.................................... 223

Paris — Imp. Wattier et Cᵉ, 4, rue des Déchargeurs.

www.ingramcontent.com/pod-product-compliance
Lightning Source LLC
Chambersburg PA
CBHW070531170426
43200CB00011B/2394